ワーク・ライフ・バランスと生涯学習

すべての働く人々のために

小川 誠子
OGAWA SEIKO

WORK-LIFE BALANCE & LIFELONG LEARNING

人言洞

はしがき

　「専門演習の紹介——ワーク・ライフ・バランスの世界へようこそ——」，2021年に，青山学院大学のオンラインオープンキャンパスのために，このようなタイトルのゼミ動画を作成した。慣れない動画編集に挑戦した日々を，今でも鮮明に覚えている。あれから，3年の月日が流れて，ワーク・ライフ・バランスに関する書物を世に送り出すことができる。感慨深いものがある。

　2007年12月，「仕事と生活の調和（ワーク・ライフ・バランス）憲章」と「仕事と生活の調和推進のための行動指針」が策定され，官民が一体となってワーク・ライフ・バランス社会の実現がめざされるようになった。それ以降，ワーク・ライフ・バランスに関する多くのメッセージが，国から国民に送られるようになった。ワーク・ライフ・バランスという言葉も日本社会に徐々に浸透していき，持続可能な社会を構築していくうえでは，欠かすことができないキーワードの1つになってきている。評価すべきことである。

　しかし，ワーク・ライフ・バランス社会の実現に少しずつ近づいてはいるものの，その達成にはまだまだ程遠い状況があるということも事実である。なぜならば，ワーク・ライフ・バランスは，すべての働く人々を対象としているはずなのに，その対象は，子育てや介護（とくに子育て）を担う人に限定される傾向にあるからである。すべての働く人々へと対象を広げていくためには，子育てや介護に加えて，生涯学習にとって重要な要素である学習活動・地域活動・ボランティア活動を充実させていく必要がある。すべての働く人々のワーク・ライフ・バランスの実現をめざしていくためには，生涯学習はきわめて重要な役割を果たす。ワーク・ライフ・バランスという概念に目を向けはじめた頃から，ずっと思っていることである。そんな思いから，『ワーク・ライフ・バランスと生涯学習——すべての働く人々のために——』というタイトルが固まっ

ていった。もっと魅力的なタイトルにしたほうがいいのではと，思いめぐらすこともあった。しかし，もともと考えていたことやずっと考えていたことをシンプルかつダイレクトに表現することは，最も重要であると思いを固めた。

　本書は，主にワーク・ライフ・バランスについて学ぶ大学生・大学院生や生涯学習の関係者を対象としているが，企業のワーク・ライフ・バランスやダイバーシティ＆インクルージョンを担う方々にとっても，関心をもっていただける内容となっている。後者の方々には，実践において参考になる情報の宝庫となっている補論の「実社会のリアルな実態や課題」も読んでいただきたい。さらに，昨今，高等学校家庭科において，ワーク・ライフ・バランスが取り上げられていることをふまえ，その科目を担当する教員の方々にも読んでいただきたいと考えている。授業のリアクションペーパーを通じて，高等学校家庭科の授業で，ワーク・ライフ・バランスについて学んだという大学生が増えていると感じることがある。高等学校学習指導要領（平成30年告示）解説のなかで，ワーク・ライフ・バランスを図ることの重要性について示されており，そのような背景があるのだろう。社会環境の変化のなかで，高等学校家庭科の内容も随分と大きな変化を遂げている。これまで軽視されてきたワークが、注目されるようになってきているのである。

　本書には，タイトルに込めた思いがもう1つある。本書が，ワーク・ライフ・バランスと生涯学習の架け橋となることである。ワーク・ライフ・バランスに興味・関心をおもちの方には，生涯学習にも興味・関心をもっていただきたい。そして，生涯学習に興味・関心をおもちの方には，ワーク・ライフ・バランスにも興味・関心をもっていただきたい。本書が，ワーク・ライフ・バランスと生涯学習の架け橋のような存在になれば，それは喜ばしいことである。

2024年6月

小川　誠子

目　次

はしがき 〈i〉

序　章　なぜ，ワーク・ライフ・バランスに目を向けるのか … 1
1　ワーク・ライフ・バランスとは 〈1〉
2　ワーク・ライフ・バランスに注目する理由 〈2〉
3　なぜ今，ワーク・ライフ・バランスが必要なのか 〈3〉
4　諸外国におけるワーク・ライフ・バランスをみる必要性 〈5〉
5　本書の構成 〈6〉

第1部　ワーク・ライフ・バランスの源流をたどる

第1章　日本企業におけるキャリア開発の概念とその展開 … 10
1　キャリア開発―ワーク・ライフ・バランスのはじまり― 〈10〉
2　キャリア開発の沿革とその背景 〈11〉
3　日本企業におけるキャリア開発の諸相 〈15〉
4　キャリア開発研究の展望 〈20〉

第2章　キャリア発達理論の生成とその展開 … 25
　　　　　―キャリア開発との関連で―
1　キャリア開発の教育学的な考察をめざして 〈25〉
2　キャリア発達の概念 〈25〉
3　キャリア発達の諸理論 〈31〉
4　キャリア開発研究の新たな方向と今後の課題 〈39〉
5　概念の整理 〈42〉

第2部　ワーク・ライフ・バランスの現状を探る

第3章　ワーク・ライフ・バランスの概念とその展開 … 47
　　　　　―国の施策を手がかりとして―
1　キャリア開発からワーク・ライフ・バランスへ 〈47〉
2　ワーク・ライフ・バランス施策の生成と展開 〈47〉
3　ワーク・ライフ・バランス概念の意義 〈56〉
4　ワーク・ライフ・バランス施策の今後の役割 〈60〉
5　企業におけるワーク・ライフ・バランスの取組を捉えていく視点 〈65〉

第4章 ワーク・ライフ・バランスの取組に関する考察 ······ 71
　　　　　　—大企業を中心として—
1　3つの側面からみる企業のワーク・ライフ・バランス 〈71〉
2　次世代育成支援対策推進法が企業に与えた影響 〈71〉
3　ワーク・ライフ・バランスの取組状況の一端 〈76〉
4　ワーク・ライフ・バランスの取組を妨げるコストの問題 〈80〉
5　取り組むべき今後の作業 〈82〉

第5章 ワーク・ライフ・バランス施策の検証 ······ 88
　　　　　　—育児休業制度と育児休業取得率の観点から—
1　ワーク・ライフ・バランスのコアに迫る 〈88〉
2　育児休業にかかわる制度の変遷 〈88〉
3　育児休業取得率の推移 〈98〉
4　育児休業取得の壁 〈102〉
5　ワーク・ライフ・バランス施策の検証 〈106〉

終　章 ワーク・ライフ・バランスと生涯学習 ······ 112
1　すべての働く人々を対象としたワーク・ライフ・バランスをめざして 〈112〉
2　ワーク・ライフ・バランスと学び 〈113〉
3　ワーク・ライフ・バランスと地域活動 〈122〉
4　ワーク・ライフ・バランスとボランティア活動 〈130〉
5　すべての働く人々のために—議論すべきこと— 〈139〉

補　論 実社会のリアルな実態や課題 ······ 147
1　誰にでもある「アンコンシャス・バイアス」 〈147〉
2　女性活躍推進法とは何か 〈149〉
3　男性の育児休業 〈151〉

巻末資料 より深く学ぶために ······ 154
1　諸外国におけるワーク・ライフ・バランス 〈154〉
2　少子化対策の取組 〈161〉
3　研究・実践に役立つウェブサイトや文献 〈162〉

　あとがき 〈165〉
　索引 〈167〉

序章　なぜ，ワーク・ライフ・バランスに目を向けるのか

1　ワーク・ライフ・バランスとは

　ワーク・ライフ・バランス（work-life balance）とは，仕事と生活の調和を意味する言葉であり，21世紀に入って間もない頃に日本社会でも使われはじめた。第1次産業従事者の比率が高かった時代にも，第2次産業従事者や第3次産業従事者の割合が増加した高度経済成長の時代にも，ワーク・ライフ・バランスという概念は存在しなかった。第1次産業従事者の比率が高かった時代は，自営業者率が高く仕事と生活は一体化しており，仕事と生活の調和を考える必要はなかったであろう。工業化が進んだ高度経済成長期には，国の経済政策も相まって自営業者率が低下し，サラリーマンと専業主婦世帯が増大していく[1]。この時期に，夫は仕事に妻は家事・育児に専心するというライフ・スタイルが広がっていった。仕事と生活は，夫と妻がそれぞれ分担するので，仕事と生活の調和をめざす理由は，ここにも存在しなかった。

　それでは，なぜ，ワーク・ライフ・バランスの実現をめざさなければならなくなったのだろうか。それは，1970年代以降に働く女性が増加してきたことと深くかかわっている。働く女性が増えていくと，「仕事と家庭の両立」が問題となってくる。国のワーク・ライフ・バランス施策は，「仕事と家庭の両立」問題と向き合うことから出発している。

　ワーク・ライフ・バランスの定義は，内閣府の「仕事と生活の調和」推進サイトでも紹介されているが，さまざまな定義が存在する。そのため，本書の第3章において，内閣府と厚生労働省の定義を紹介・検討するが，ここでもワーク・ライフ・バランスの定義にふれておく。厚生労働省では，「働く人が仕事上の責任を果たそうとすると，仕事以外の生活でやりたいことや，やらなければならないことに取り組めなくなるのではなく，両者を実現できる状態のこと」と定義されている[2]。内閣府の定義は，「ワーク・ライフ・バランス（work-life balance）とは，勤労者が仕事と生活のどちらか一方のみではなく，ともに

充実感をもてるように双方の調和を図ること」である[3]。

　共通している点は，仕事と生活のどちらか一方のみではなく両者の実現をめざすということである。その背景には，仕事か子育てかの二者択一の社会では，少子化がさらに進んでいくという危機感がある。仕事も子育ても両方選べる社会を構築することによって，少子化を乗り越えようとする考え方が，両者の定義には秘められているのである。ここでは，ワーク・ライフ・バランスと少子化対策は切り離すことはできない関係であることを押さえておきたい。「仕事と生活のどちらか一方のみではなくともに充実感を持つ」という内閣府の定義は，「仕事と生活というものは本来切り離されるものではなく，双方の充実が両方にいい影響を与える。両者の充実がともにシナジー（相互作用・相乗効果）をともなってどちらにもいい影響を与える」[4]という考え方に結びついていく。

　本書では，仕事と生活の相互作用や相乗効果は，ワーク・ライフ・バランスの考え方の基本であると捉えている。仕事を充実させることによって生活も充実させ，生活を充実させることによって仕事も充実させるという，相乗効果を生み出すことに，本書はワーク・ライフ・バランスの意味を見いだしている。

2　ワーク・ライフ・バランスに注目する理由

　筆者が，ワーク・ライフ・バランスに出会い，注目するようになった理由は3つある。第1は，キャリア発達と密接にかかわっているという理由である。1995年頃から，筆者は，個人の成長・発達と組織の拡充・進展を統合して相互の開発をめざすキャリア開発の考え方に注目してきた。キャリア発達は，個人の成長・発達にとって重要な概念である。そのキャリア発達にとって，ワーク・ライフ・バランスは欠かすことができないパートナーである。なぜなら，ワーク・ライフ・バランスを推進することによってワーク・ライフ・コンフリクトが減少し，キャリア発達にいい影響を与える可能性があるからである。キャリア開発から出発しキャリア発達の重要性を認識し，そして，ワーク・ライフ・バランスへとつなげてきたのである。

第2は、少子化対策と密接にかかわっているという理由である。筆者は、1998年、総理府「少子化への対応を考える有識者会議（家庭に夢を）分科会」委員を務めたことがある。そこで、少子化問題に関して興味・関心を抱くようになり、その研究に取り組んだ[5]。その頃は、ワーク・ライフ・バランスという概念はなかった。当時は、仕事と家庭の両立について考えるファミリー・フレンドリーという概念に着目することによって、少子化社会をめぐる問題解決の可能性を探っていた。ワーク・ライフ・バランスは、このファミリー・フレンドリー概念をさらに充実させていくために登場した概念である。筆者は、少子化問題に興味を抱くことがなければ、ワーク・ライフ・バランス研究には取り組んでいなかったかもしれない。それくらい、国の少子化対策において、ワーク・ライフ・バランスに対する期待値が高いのである。

　第3は、生涯学習と密接にかかわっているという理由である。筆者の専門分野は、社会教育学・生涯学習論である。社会教育は、学校や家庭以外の社会で行われる教育である。生涯学習推進において、これまで重要な役割を担ってきたのは、社会教育である。社会教育と生涯学習をセットで捉えてほしい。ワーク・ライフ・バランスにおけるライフには、子育て・介護・学習活動・地域活動・ボランティア活動などが含まれている。学習活動・地域活動・ボランティア活動などは、生涯学習にとって重要な要素である。国のワーク・ライフ・バランス施策において、対象範囲は働く女性から働くすべての人々へと広がっていった。対象範囲が広がることによって生活範囲も広がり、子育てと介護に学習活動・地域活動・ボランティア活動が加えられていった。すべての働く人々を対象としたワーク・ライフ・バランスの実現をめざしていくためには、学習活動・地域活動・ボランティア活動を強みとする生涯学習が果たす役割はじつに大きいのである。

3　なぜ今，ワーク・ライフ・バランスが必要なのか

　男女共同参画会議による「『ワーク・ライフ・バランス』推進の基本的方向報告―多様性を尊重し仕事と生活が好循環を生む社会に向けて―」（2007）で

は，なぜ今，ワーク・ライフ・バランスが必要なのかについて，個人，社会全体，個々の企業・組織の3つの観点から述べている[6]。以下では，それらを整理して示す。

第1は，個人にとっての必要性である。男女の仕事，家庭，地域などへのかかわり方は変化しているが，多くの人々が，自ら希望するバランスの選択が困難な状況に直面している。具体的な困難な状況として，①仕事と家庭の両立が困難，②自己啓発や地域活動への参加が困難，③長時間労働が心身の健康に及ぼす悪影響，などがあげられている。働く人々にとって，子育て・介護をはじめ，仕事以外の活動に責任をもち費やす時間が増えており，仕事とそれ以外の活動で希望するバランスを実現することが切実な課題となっているのである。こうした希望するバランスの実現は，働く人々の心身の健康のためにも必要であると述べられている。

第2は，社会全体にとっての必要性である。人口減少時代を迎え，労働力の減少が本格化するとともに，内外の競争環境が激しさを増してきた。このような状況のなかで，多様な人材の能力発揮や一人ひとりの生産性の高い働き方が求められている。少子化，高齢化，家族形態の変化，地域社会のつながりの希薄化などが進行するなかで，子育て・介護・地域活動などへのかかわりの重要性が増してきている。男女一人ひとりが意欲と能力を生かして希望に沿った形でさまざまな活動に従事することは，社会の安定と活力にとってきわめて重要である。①労働力不足の深刻化，②生産性の低下・活力の衰退，③少子化の急速な進行，④地域社会のつながりの希薄化，などといった状況に陥らないためには，ワーク・ライフ・バランスの推進は不可欠であるという。

第3は，個々の企業・組織にとっての必要性である。ワーク・ライフ・バランスの取組への積極性は，個々の企業・組織の競争力を左右する。団塊世代の大量退職がはじまった現在，人材の獲得をめぐる競争は今後ますます激しさを増していく。とくに，人口が減少する若年層人材の獲得や定着の重要性や，働く意欲や能力のある女性や高齢者のさらなる活躍の重要性が高まっている。また，長時間労働などにより従業員が健康を奪われることは，本人だけではなく

企業にとっても深刻なダメージとなる。多様な人材を生かすことによって競争力を強化するためには，個人のさまざまなニーズに対応し心身の健康が維持できる就業環境を提供するとともに，意欲や満足度を高めることで優秀な人材を確保し定着させることが求められる。このように，企業・組織にとって，ワーク・ライフ・バランス推進がきわめて重要であると捉えられている。

4 諸外国におけるワーク・ライフ・バランスをみる必要性

現在，日本だけではなくさまざまな国において，ワーク・ライフ・バランスは積極的に取り組まれている。日本におけるワーク・ライフ・バランスに対する理解を深めていくためには，諸外国におけるワーク・ライフ・バランスをみていくことは必須である。諸外国のワーク・ライフ・バランスという鏡を眺めることによって，日本のワーク・ライフ・バランスへの理解を比較的観点から深めていくことは重要な作業である。

OECD（Organisation for Economic Co-operation and Development：経済協力開発機構）は，加盟国38カ国にブラジル・ロシア連邦・南アフリカ共和国を加えた41カ国のよりよい生活指標（Better Life Index）を公表している[7]。その指標は11の項目（Housing, Income, Jobs, Community, Education, Environment, Civic Engagement, Health, Life Satisfaction, Safety, Work-Life Balance）から構成されている[8]。その1つであるワーク・ライフ・バランスをみてみると，1位はイタリアで9.4（10点満点）という高い数値が与えられている[9]。イタリアに続く国は，デンマーク，ノルウェー，スペイン，オランダ，フランス，スウェーデン，ドイツなどである[10]。日本の順位は，41カ国中37位で3.4という低いスコアであった[11]。なお，ワーク・ライフ・バランスのスコアは，長時間労働の割合（employees working very long hours），余暇やプライベートに費やす時間（time devoted to leisure and personal care）などをもとに算出されている[12]。

上記のランキングは，あくまでも1つの目安としてみる必要がある。ランキングはナンセンスとまではいわないが，どの国にも歴史と文化があり，労働を

とりまく環境や仕事に対する価値観は異なるのである。そして、どの国にも学ぶべき点と課題点がある。どの国が進んでいてどの国が遅れているというような見方は、ワーク・ライフ・バランスにはなじまないと考えている。日本と諸外国のワーク・ライフ・バランスを比較するとき、共通点や相違点を見いだすことが重要であり、学ぶべきことはお互いに学ぶというスタンスをとっている。

なお本書では、巻末資料において、諸外国のワーク・ライフ・バランスを紹介する。日本でよく紹介される国、ノルウェー、スウェーデン、アメリカ、イギリス、ドイツ、フランス、オランダを紹介する。続いて、日本ではあまり紹介されないカナダのワーク・ライフ・バランスに目を向けていく。筆者が、カナダのワーク・ライフ・バランスに注目する理由は、カナダの父親の親休業取得率の動向が、ノルウェーやスウェーデンとはかなり異なる側面をもっているからである。スウェーデンとノルウェーの父親の育児休業取得率は、カナダより高く、確かに飛躍的な増加もみられる。しかし、現実的な対応について考える場合、どうであろうか。カナダにおける父親の親休業取得の取組のほうが参考になるのではないだろうか。2000年に2.9％であった父親の親休業取得率は、6年後には20％へと上昇した[13]。ノルウェーやスウェーデンのような飛躍的な増加はみられないが、2016年に3.16％という数値[14]であった日本の状況をふまえると、徐々に増加していくカナダの取得率の動向は、身近な存在として親しみのもてる数値であるといえよう。より現実的な対応を模索するために、筆者は長年にわたってカナダに注目している。

5　本書の構成

本書は、一部の人々に限定されたものではなく、すべての働く人々を対象としたワーク・ライフ・バランスの実現をめざしている。先に述べたように、すべての働く人々を対象としたワーク・ライフ・バランスの実現をめざしていくためには、生涯学習が果たす役割が大きい。『ワーク・ライフ・バランスと生涯学習―すべての働く人々のために』という本書のタイトルには、その思いが

込められている。

　本書は，主に 2 部構成となっている。第 1 部では，日本社会におけるワーク・ライフ・バランスの源流をたどっていく。企業におけるワーク・ライフ・バランスの考え方の源流を探ると，個人の成長・発達と組織の拡充・進展を調整して相互の開発を求めていくキャリア開発の考え方にたどりつく。そこで第 1 章ではまず，日本企業におけるキャリア開発の概念とその歴史的展開をふまえる。第 2 章では，キャリア開発のとくに個人の成長・発達の側面を充実させていくために，キャリア発達の概念に焦点を据えて論を展開していく。第 2 章の最後に，第 2 部への橋渡しとして，キャリア発達概念と生涯学習概念，キャリア発達概念とワーク・ライフ・バランス概念を整理する節を設けている。この説明によって，ワーク・ライフ・バランスと生涯学習に対する理解が深まっていくことを期待している。

　第 2 部では，ワーク・ライフ・バランスの現状を探っていく。第 2 部の課題を設定する役割を果たす第 3 章では，第 1 章と第 2 章の流れを汲みながら，国のワーク・ライフ・バランス施策の生成と展開を，主として施策が対象としている人々に目を向けて整理する作業を試みる。ここで用いた時期区分は，萌芽期（1972〜1994年），創成期（1995〜2002年），確立期（2003年〜）の 3 つである。ワーク・ライフ・バランスという言葉が登場するのは，確立期である。ワーク・ライフ・バランス概念の意義やワーク・ライフ・バランス施策の役割をふまえつつ，企業のワーク・ライフ・バランスの取組を検討していくために 5 つの視点を明らかにする。そこで明示した 5 つの視点は，第 4 章と第 5 章へとつながっていく。なお，第 3 章では，日本のワーク・ライフ・バランス施策の今後の役割を追求するために，アメリカのワーク・ライフ・バランスの取組に注目している。アメリカのワーク・ライフ・バランスに関しては，巻末資料においても簡潔にまとめている。

　第 4 章は，大企業を中心としたワーク・ライフ・バランスの取組に目を向けて，その状況をふまえる作業を行う。ワーク・ライフ・バランス政策の中心である次世代育成支援対策推進法との関連で企業のワーク・ライフ・バランスの

取組状況を取り上げ，意義や課題について検討を加えている。続く第5章では，ワーク・ライフ・バランス概念のコアである育児休業制度に光を当てることによって，ワーク・ライフ・バランス施策の検証を試みる。ここでは，第3章で用いた萌芽期（1972～1994年），創成期（1995～2002年），確立期（2003年～）の3つ時期に対応させて，国の育児休業制度や育児休業取得率の推移をみていく。

終章では，すべての働く人々を対象としたワーク・ライフ・バランスの実現に向けて，ワーク・ライフ・バランスと生涯学習の接点を探りながら，その関係を論じていく。生涯学習への期待が大きいため，かなりページ数が増えてしまったが，学び・地域活動・ボランティア活動に焦点を据えて，ワーク・ライフ・バランスとの関係を見いだしていく。それらをふまえたうえで，すべての働く人々を対象としたワーク・ライフ・バランスの実現という本書の目的をめざして，生涯学習との関連で議論すべきことを整理している。

終章に続く，補論では，ワーク・ライフ・バランスを学ぶうえでおさえておきたい内容として，トピックを3つ取り上げている。「アンコンシャス・バイアス」「女性活躍推進法」「男性の育児休業」に関するものである。ワーク・ライフ・バランスやダイバーシティ推進などの実践にかかわっている方々の記述であり，実社会のリアルな実態や課題が明確にみえる内容となっている。また，ワーク・ライフ・バランスやダイバーシティの研究・実践に役立つウェブサイトや文献を巻末に示した。これらも参考にしていただきたい。

■ 注 ■

1) 山田昌弘『女性活躍後進国ニッポン』〈岩波ブックレット No.934〉岩波書店，2015，p.13.
2) 厚生労働省〈男性が育児参加できるワーク・ライフ・バランス推進協議会〉編『男性も育児参加できるワーク・ライフ・バランス企業へ―これからの時代の企業経営―』(2006) http://www.mhlw.go.jp/bunya/koyoukintou/ryouritsu02/pdf/01a.pdf，2024/04/16.
3) 内閣府編『少子化社会白書（平成18年版）』ぎょうせい，2006，p.62.
4) 大沢真知子『ワークライフシナジー―生活と仕事の〈相互作用〉が変える企業社会―』岩波書店，2008，p.20.
5) 小川誠子「少子社会と生涯学習」鈴木眞理・小川誠子編『生涯学習をとりまく社会環境』学文社，2003，pp.85-100 ; Ogawa, S., Lifelong learning and demographics: a Japanese perspective, *International Journal of Lifelong Education*, 24 (4), 2005, pp.351-368.
6) 男女共同参画会議『「ワーク・ライフ・バランス」推進の基本的方向報告―多様性を尊重し仕事

と生活が好循環を生む社会に向けて―』2007年7月, pp.3-9, http://www.gender.go.jp/kaigi/danjo_kaigi/siryo/pdf/ka27-9.pdf（2024/04/16）.
7）OECD, Better Life Index, https://www.oecdbetterlifeindex.org/（06/15/2024）.
8）同上.
9）OECD, Better Life Index, Italy, https://www.oecdbetterlifeindex.org/countries/italy/（06/11/2024）.
10）OECD, Better Life Index, Work-Life Balance, https://www.oecdbetterlifeindex.org/topics/work-life-balance/（06/15/2024）.
11）OECD, Better Life Index, Japan, https://www.oecdbetterlifeindex.org/countries/japan/（06/11/2024）.
12）OECD, Better Life Index, Work-Life Balance, *op. cit.*
13）カナダ統計局（Statistics Canada）から購入した数値データ（Source: Employment Insurance Coverage Survey）による（2011年2月19日）。
14）厚生労働省「平成28年度雇用均等基本調査」https://www.mhlw.go.jp/toukei/list/dl/71-28r-03.pdf（2024/06/11）.

第1部 ワーク・ライフ・バランスの源流をたどる

第1章　日本企業におけるキャリア開発の概念とその展開

1　キャリア開発―ワーク・ライフ・バランスのはじまり―

　企業独自の取組においてワーク・ライフ・バランスを見渡した場合，そのはじまりをどこに求めることができるのであろうか。それは，1960年代に大企業を中心として導入された，キャリア開発（career development）の概念ではないかと考えられる[1]。なぜなら，企業におけるワーク・ライフ・バランス概念は，「個人の成長」と「組織の発展」をふまえることが不可欠となっており[2]，企業においてその考え方の歴史をたどっていくと，キャリア開発の考え方にたどりつくことができるからである。

　キャリア開発は，ジョブ・ローテーション制度や自己申告制度などを中心として，個人の成長・発達と組織の拡充・進展を統合して相互の開発を目的とするものである[3]。つまり，キャリア開発の概念は，個人の（成長・発達を重視する）論理と組織の（拡充・進展を重視する）論理がうまく絡み合うという構造にその特質をみることができ，その考え方はその後，ワーク・ライフ・バランス概念にも引き継がれていったとみることができるだろう。

　そこで，第1章ではまず，ワーク・ライフ・バランスの源流をたどる作業として，日本企業におけるキャリア開発の概念とその歴史的展開をふまえることによって，ワーク・ライフ・バランス概念の総合的な理解をめざしていくための基礎を構築したいと考えている。さらに，企業におけるキャリア開発が，社会教育・生涯学習の領域で研究対象となり得るのかどうかについても確認する必要がある。なぜならば，企業のキャリア開発は，生産性向上を目的として取り組まれることが多いからである。その結果として個人の成長・発達は二次的な問題となり，そこから教育的な意味を読み取ろうとすることはむずかしく，社会教育・生涯学習の領域において研究対象となりにくい側面が存在するからである。ワーク・ライフ・バランス研究の原点としての役割を担う第1章では，企業におけるキャリア開発が，社会教育・生涯学習の領域で研究対象となり得るのかどうか，教育学的考察の対象となりうるのかどうかについて，言及

することが求められている。

なお,第1章で考察する日本企業のキャリア開発は,最初に導入された1960年代から,キャリア概念が深く浸透していると考えられる1990年代半ばに取り組まれたものを対象としている。

2 キャリア開発の沿革とその背景

(1) アメリカにおけるキャリア開発の初期の事例

そもそも,キャリア開発を基本とする考え方は,日本で生まれたものではなくアメリカから渡ってきたものである。その考え方は,1955年にアメリカ議会に提出された「第二次フーバー委員会人事部会勧告案」[4]に起源をもつといわれている[5]。この委員会は,社会問題化された当時のアメリカ連邦政府の非能率と人件費増大を背景に,その改善策を見いだすために組織された[6]。1954年6月30日,その時点での連邦政府職員は約230万人,年間賃金は全体でおよそ90億ドルまで膨れ上がっていた[7]。また,そこでは,1944年に制定された復員軍人優遇措置法(Veterans Preference Act)によって,復員軍人は雇用が守られ優遇されたため,スタッフの半分は復員軍人で占められていたという[8]。さらに,ただ単に職員の数が増えるというだけではなく,ところてん式の昇進によって能力的に不適格な管理者が多数を占めるという状況もあったことが指摘されている[9]。そのような状況を打破し健全な組織体制を構築していくことをめざして委員会が発足され,「第二次フーバー委員会人事部会勧告案」が作成されるに至ったのである。

この勧告案を受けてキャリア開発の具体的な取組がはじまるが,そのなかで最も大規模で代表的な事例といわれているのが,陸軍文官のプログラム(Army Civilian Career Program)である[10]。そのプログラムにおいて,CDP(Career Development Program)は,「個人としての従業員のカリアを,組織内で積極的に実現させることによって,組織が必要とする人的能力を,将来にわたって継続的に確保し,組織としての発展をはかろうとする総合的プログラムである」(キャリアは,かつてカリアと表記されていた)と捉えられている[11]。CDPは,

キャリア・フィールド（職能域）ごとに設計されるが，プログラムを構成する要素は，①カリア・レベル，②カリア・パターン，③採用システム，④評価カウンセリング（A & C），⑤訓練と啓発，⑥登録および昇進選考，の6つに分けられており[12]，それらはキャリア開発を推進していくための基本的骨格となっている[13]。就業者を計画的に育成しながら配置していくというジョブ・ローテーション制度や，日本ではやや形を変えて自己申告制度として導入されたA & Cシステム（Appraisal and Counseling System）は，フーバー委員会の構想をプログラムとして具体化する過程において整備されてきたものである。

1960年代に入ると，フーバー委員会勧告案は，IBMやシアーズ・ローバック（Sears, Roebuck and Company）などの民間企業にも影響を与えたが，その後その考え方が，アメリカの企業において広く普及されたわけではない[14]。また，実際に取り組まれてきたCDPの対象は少数の基幹人材に限られており，多くの就業者はその対象から外されたままであった[15]。CDPの意義や必要性は認められつつも，その当時その考え方が，アメリカ社会において一般化し広く採用されるまでには至らなかったのである。

(2) 日本企業におけるキャリア開発概念の導入

日本において，キャリア開発に関心が払われるようになったのは，1960年代前半のことである[16]。当時，在日米陸軍司令部コントローラー局に属していた細谷泰雄が，アメリカで実施されていた陸軍文官CDPの手法と考え方を紹介したことが，日本におけるキャリア開発概念の導入といわれている[17]。細谷は，キャリアを「人生コース，生涯の専門的職業，職業上の出世成功」と捉え[18]，このキャリアを形成する場として企業に注目した。細谷によると，CDPとは，「企業内で個人のキャリア・プラン（職業上における人生設計）を実現させることによって，企業として発展をはかろうとするプログラムである。各個人が企業目標の達成に向かって努力することが，そのまま職業上におけるみずからの人生目標の達成の過程となるべく，組織を計画運営するための企画」である[19]。

日本で最も早くキャリア開発の概念を導入した企業は昭和電工株式会社（以下，昭和電工）であり[20]，「経歴管理制度」という名称で具体化されたのは，1963年のことである[21]。同社のCDP計画は，「各人の適性を見定めて配置や異動を行なう。配置された仕事のうえで各人は自分の技術をみがき，全社的な技術水準を人の面から高めていく。そのための計画的なプランがCDP（経歴管理）の計画である」と述べられている[22]。導入の背景には，石炭から石油へというエネルギー革命があり，そこでは，技術革新上の要請に対応した技術者の育成や計画的な配置管理が，喫緊の課題となっていた[23]。つまり，1つの職能のみで育成することを目的としたこれまでの伝統的な人材育成には限界があり，長期的なスパンで人を計画的に育成していく「経歴管理制度」へとつながっていったのである。

　昭和電工のCDPの特徴は，技術活動の類型化にある。これは，CDPの基本構造の1つであるキャリア・フィールドに対応するものであり[24]，製品分野（X軸）・技術機能（Y軸）・専門技術（Z軸）の3つの軸またはその組み合わせによって，技術者のタイプが決まるという[25]。「経歴管理制度」において，重要な役割が期待された適正判定は，①技術記録（過去の歴史），②技術者カード（身につけた専門技術），③自己申告（本人の意見と希望），の本人が記述した3点の資料をもとにして面接が行われ，上司は個々の適正判定表を作成するという方法で行われた[26]。そこでは，従来よくみられた「どれだけできるか」という個人の能力不足によって適性の有無を判断しようとする，過去のキャリアに重点がおかれた適性判定に，「何ができるのか」という未来のキャリアをも射程に収めたうえで，それぞれの特性を評価しようとする視点が加えられている[27]。キャリア開発概念には，過去のキャリアと未来の（予測される）キャリアを相対的に捉えていく視点があるという重要な事実を，ここから読み取ることができる。また，今日においても中心的な議論となっている，顕在化された過去のキャリアとこれから形成されていく潜在的なキャリアの評価や蓄積に関する諸問題は，概念導入の初期の段階においてすでに意識されていたという事実も，ここから見いだすことができるだろう。

なお，面接には，「引き出す面接」「相談する面接」「説得する面接」の3つの型があるとされ，適正判定においては，すべての3つの型を組み合わせていくことが，管理職には求められた[28]。しかし，1994年に作成された『適性判定書記入要領』では，面接という言葉ではなくカウンセリングという言葉が用いられるようになっている[29]。3つの面接の型において，とくに「相談する面接」の側面が，強くなってきたのではないかと考えられる。

　アメリカで誕生したキャリア開発概念は，企業間におけるキャリアの流動性の高さゆえにアメリカの育成風土になじまないまま，まだ十分に成熟されていないままの状態で，わが国に紹介・導入されたことになる。しかし，多くの人が1つの企業にとどまることを前提として取り組むことができた日本企業のほうが，キャリア開発の考え方を展開させていく土壌としてはかなり適していたといわれている[30]。昭和電工の事例からも，そのことを確認することができるだろう。

(3) キャリア開発概念の歴史的意義

　一般的に，キャリア開発の理論的基盤とされているのは，マグレガー（Douglas M. McGregor）のY理論[31]やマズロー（Abraham, H. Maslow）の自己実現欲求[32]に代表される，いわゆる人間尊重論であるといわれている[33]。このような考え方は，行動科学の基礎理論として現在もなお広く受け入れられているものであるが，行動科学が発達するのは1960年頃からである[34]。いっぽう，フーバー委員会の勧告に始まるキャリア開発の登場は，それより少し前のことで，行動科学のいわば萌芽期に行動科学理論を先取りしたものではないか，とする見方もある[35]。キャリア開発概念は，自己の開発を志向するという人間像をこれまでの育成システムのなかに位置づけたという点において，その意義を見いだすことができるだろう。

　キャリア開発の考え方は，第二次世界大戦後のアメリカにおいては，連邦政府の人件費の増大と組織の非能率化を克服する必要から，いっぽう，高度経済成長期の日本においては，企業活動上の必要，つまり事業構造の転換のなかで

組織内から能力・適性のある人材を検索・配置する必要から導入された，ということはすでに述べたとおりである。それゆえ，導入されたキャリア開発概念は，組織の一方的な要求に基づいて成立したものであり，個々の職業経歴を管理することが中心となり，個々の職業経歴の形成を援助する側面は弱かった。つまり，この時期までのキャリア開発は，組織の存立をかけた危機意識が主な推進力であったために，組織の側からのみ論じられることが多く，個人の側面から主体性を尊重しようする視点は二次的な存在であったことがうかがえる。

しかし，それまで個人目標の尊重がみられなかったなかで，個人の成長・発達の要求と組織の拡充・進展の要求を統合し相互の開発をめざすという内容をもつキャリア開発の概念が導入されたことは，次の２点において評価できる。１つ目は，少なくとも，個人の成長を意識するようになったという点において，２つ目は，それまでの人材育成のあり方を変えるようになったという点においてである。

3　日本企業におけるキャリア開発の諸相

(1) キャリア開発概念の展開

昭和電工をはじめとして，高度経済成長期には，就業者の育成のためのジョブ・ローテーションを含めて異動・配置のあり方の見直しを検討していた企業は多く，全日本空輸株式会社の整備訓練計画，プリマハム株式会社の人材開発計画，旭硝子株式会社の新人事制度などにみられるように，それぞれ特徴をもった多様なキャリア開発制度が試みられている[36]。

日本にキャリア開発という概念が導入された当時，この考え方に共鳴した企業は稀ではなかったが，大勢はむしろ否定的であったといわれている[37]。その理由の１つとして，キャリア開発が前提とする人間観が，その頃の企業が考える就業者像に一致していなかったことが考えられている[38]。さらに，高度経済成長と技術革新は，若年労働力の不足という事態をもたらし，その解消に力が注がれ，少数の企業を除いてはキャリア開発の本格的導入は，1973年のオイル・ショック以降にもちこされることになった[39]。キャリア開発が整備された

背景には、まず高度経済成長期には、労働力不足のなか加速化する技術革新や社会経済環境の変化があった。そして、オイル・ショック後の低成長期には、労働過剰のなか若年層の専門能力の育成を重視しつつも、さらに高齢化社会への対応として中高年の能力開発が求められるようになり[40]、その変化がキャリア開発の整備を推し進めていったことが考えられる。いずれの時期にも、これまでの人事・管理制度では限界があり十分対応しきれないという状況があった[41]。

社団法人企業研究会の26期 CDP 分科会では、CDP の本質を、①希望の把握、②能力適性の把握と本人へのフィードバック、③人的資源計画の作成、④職務の明確化、⑤話し合いと方向づけ、⑥能力発揮の場の提供、⑦能力開発機会の提供、⑧個人情報の登録および活用の8項目に整理している[42]。また、それをもとに、CDP 概念図（図1-1）を作成し、個人の成長と企業の発展を調和・統合する体系的な仕組を示そうとした。この図では、左に企業の発展（組

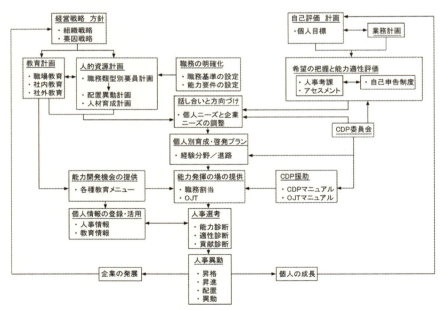

図1-1　CDP 概念図

出典：社団法人企業研究会『CDP の現状と将来』1990, p.9 をもとに筆者作成

織の問題）にかかわる事項が示され，右に個人の成長（個人の問題）にかかわる事項が示されている。上部には，目的・目標にかかわる計画と計画を具体化させる制度・仕組が位置づけられている。さらに，それらを調和させる「話し合いと方向づけ」が中央に位置づく。これは，この調和課程がCDPの中心的な特徴であることを示しているものと考えられる。方向づけがなされたあと，「能力発揮の場」が設定され結果として，人事選考・人事異動につながるというわけである。

シャイン（Edgar, H. Schein）によると，キャリア開発には，組織と個人が，「調和過程」（募集と選抜，訓練と開発，仕事の機会とフィードバック，昇進と他のキャリアの動き，監督と指導，キャリア・カウンセリング，組織的報酬）を通して，それぞれ「組織の成果」（生産性，創造性，長期的な有効性）および「個人の成果」（職務満足，保障，最適な個人の発達，仕事と家庭の最適な統合）を得ることが期待されている[43]。キャリア開発概念は，「個人」「組織」「その調和」という3つを軸として形成されてきたことが，ここからも確認することができるだろう。また，「個人の結果」の最後に位置づけられた「仕事と家庭の最適な統合」(optimal integration of work and family)のなかに，キャリア開発とワーク・ライフ・バランスの強いつながりを見いだすことができるだろう。なお，シャインの組織内キャリア発達の考え方に関しては，キャリア発達について論じる第2章において詳述する。

キャリア開発概念の導入期には，組織の要求がその概念の誕生を支えてきたために，組織側から捉えることの必然性が，理論レベルにおいても実践レベルにおいてもその中心に存在していた。しかし，近年，「調和過程」への注目が，キャリア開発概念における個人の（成長・発達を重視する）論理を，さらに明確に意識させるようになったといえよう。

今日，日本企業の人材育成風土が醸成されるなかで，さらに社会状況の変化に伴い企業が考える就業者像も変化し，キャリア開発の考え方は常識になるまでに深く浸透している。また，キャリア開発は，本来の概念に近い理解がなされるようにもなった。しかし，実際には，キャリア開発を制度として導入して

いる企業においても，前述のような典型的な形で実施されているわけではない。例えば，CDP は，単に上司による育成計画の作成のことであったり，計画的ジョブ・ローテーションと捉えられたり[44]，あるいは就業者の職業経歴と同一視されるなど，部分的活用のみの企業も多くみられる。その姿は，じつに多様である。

このように，概念の正確な理解と具体的展開の多様性に，キャリア開発の現在をみることができる。

(2) キャリア開発概念の具体相―自己申告制度を中心として

では，キャリア開発は具体的にどのように展開されているのであろうか。ここで取り上げる自己申告制度は，キャリア開発の一環として多くの企業で導入されているものである[45]。また，企業が個人の論理を尊重し，個人の意思に基づいて成長・発達を考える際の原点となるべきものである。自己申告制度の検討によって，個人の論理を視野に収めたキャリア開発の現状の一端をみることができよう。

自己申告制度とは，就業者がそれぞれの希望進路を申告し，その現実・妥当性を企業側と本人で検討し必要な修正を加えながら，双方のニーズを調整したキャリア・プランを作成することを目的とした制度である[46]。その淵源は，フーバー委員会の構想をプログラムとして具体化する過程において整備されたA＆Cシステムであるということは，第2節でも述べたとおりである。A＆Cシステムは，申告後のカウンセリングに重点がおかれているが，日本においては，自己申告制度として個人の意思を表明することに重点がおかれている[47]。自己申告制度導入初期にあっては，仕事や職場の苦情や希望，家族構成などを申告することが主体であったが，その後，現職への適性についての自己判断と将来の短期・長期の配属希望職務に関する要望を述べる形式のものが増加してきた[48]。

例えば，三菱製紙株式会社での自己申告は，年1回全社員を対象として実施されている。記入された内容については，本人の能力開発と適正な人事配置と

公正な人事考課に生かしていくことがめざされている。自己申告表は2種類あり，1つは職務に関する事項を記入するもので，記入項目は担当職務のほか，過去1年間を振り返りその成果と今後1年間の目標などである。ほかの1つは，適性に関するもので，現在担当している職務の適性を確認したうえで，異動の希望についての欄が設けられている。申告書を提出したあとに原則として，所属課長の面接が求められている。また，栗田工業株式会社では，仕事だけに限らず将来の夢や希望を問うたり，自己啓発についても仕事関連で学んでいることとともに，仕事以外のことで努力していること，関心のあることなど，余暇との関連をも含めて質問項目を加えたりしている[49]。一部ではあるが，家庭生活に加えて職業以外の空間をも視野に収めようとする動きもみられている。

　このような自己申告制度は，申告内容に関してみると，①職務のみに限定される場合と，②職務以外の空間をも視野に収めようとする場合に分けることができる。また，①過去の職務内容の確認・反省に力点がおかれている場合，②むしろ今後の職務についての要望に力点がおかれる場合がある。申告の方法についてみると，①形式的に申告書のみを提出する場合，②申告書に基づいて上司などとの面談が行われる場合がある。さらに，③この制度を充分活用し個々の要求を尊重したキャリア・プランを作成することを支援する場合もある。

　以上のように，キャリア開発の一環として位置づけられる自己申告制度もまた一様ではない。

(3) もう1つの career development

　キャリア開発について論じるとき，関連してよく用いられる言葉の1つに，キャリア発達（career development）という用語がある。キャリア発達は，キャリア形成を個人の側から捉えようとする概念である。この2つの概念は，英語では同じスペルで表されることもあり，しばしば混乱する。かつて，キャリア開発をとりまく議論のなかで論じられてきた career development は，「キャリア発展」などと訳されることによって組織の論理を優先して用いられることは

あった。しかし、「キャリア発展」という言葉では、個人の論理が軽視されキャリア開発が本来もつはずの内容の総合性が損なわれはしないだろうか。キャリア開発概念を個人の論理でも捉えること、とくにキャリア発達の視点で捉えることは、人が職業や仕事を通して、働くことの意味を問い直しながら自己を形成していくプロセスを考えていくうえでも有効であると考えられる。

　本章では、キャリア開発（とりわけその1部である自己申告制度）についてわずかの例示をするにとどまったが、このほかのキャリア開発の実践例をもみてみると、どちらかといえば、組織の発展が重視されることが多い。これをキャリア進展重視型のキャリア開発と呼ぶと、個人の発達を重視するタイプは、キャリア発達重視型のキャリア開発と呼ぶことができる。後者は、次に述べるように、さらに2つのタイプに分けることができる。

　1つは、キャリアとして捉えようとする期間に関して、ある一定の期間、例えばある企業に勤務している期間、またそのなかの一定の期間のみが対象とされる時限型ではなく、個人の生涯にわたる連続したキャリアが対象とされているものである。ここでは、蓄積された過去の職業的キャリアに加えて、個人の計画に基づいた将来に予期される職業的キャリアも包括的に検討の対象となっている。もう1つは、キャリアとして捉える範囲に関して、職務のみに限定される職業的キャリアではなく、職業以外の空間を含める人生キャリアの視点がみられるというタイプである。このようなタイプに位置づくキャリア開発は、まだごくわずかにとどまっており萌芽的段階にあるといえる。キャリア発達重視型のキャリア開発で、時間的な広がりだけではなく空間的な広がりも意識したタイプのキャリア開発に移行していくことが、今後の方向であると考えられる。

4　キャリア開発研究の展望

　これまでにみてきたように、日本におけるキャリア開発は、単に職業経歴を管理しようとする導入期を経て、個々の職業経歴を積極的に開発・育成していこうとする展開期を経験し、さらに今日においては、個人の成長と発達をも視

野に収めようとする議論が盛んになる成熟期を迎えようとしている。このようなキャリア開発の新たな展開に際して，個人重視の観点，あるいは発達的観点に立ったキャリア発達の考え方をキャリア開発に位置づけていくことは重要な課題であると思われる。また，そこで求められるのは，キャリア発達研究のさらなる拡充と活性化であろう。これに関しては，第2章で詳しく述べる。

そもそも，これまでのキャリア開発研究は，経営学的視点からの研究が中心であり，その関心は組織の活性化・効率化にあったといえる。生産性向上に主眼がおかれたキャリア開発は，教育学的視点からのアプローチにはなじまないものとして捉えられてきた歴史がある。例えば，1970年代にCDPを念頭におきつつ，「すべての企業に課せられた教育訓練の命題」として，「個人の側からみれば生涯にわたる自己啓発。企業の側からみれば技能と人格の両面にわたる生涯育成の教育体系の完成。その統合としての労働者の生涯管理」をあげ，「生涯学習の今後は，自己啓発と自己教育の論理・思想・方法上の価値争奪的様相をいっそう深刻にしめしていくことになるのである」とされたような対立図式[50]は，キャリア開発は体制に与する人事管理として批判の対象とされてきたことを示しているものである。

このように労働者教育という視角からの社会教育研究においては，労働者の自己啓発が生涯にわたって管理の対象となるという理解から，教育学的考察の余地はまったくないものと捉えられてきた。そのような批判を受けた導入期のキャリア開発概念は，その批判に耐えられる術もなく，その後の社会教育研究のなかでイシューとして取り上げられることはなかった。そこに内在する教育的意味を解明する途すら閉ざされたままの状態で，今日に至ってしまったのである。しかし，キャリア開発概念には管理と教育・啓発が融合するという側面がある，ということに注目するならば，前述の対立図式には限界があるといえよう。キャリア発達という視点を強調することによって，そのなかに教育的意味が含まれることが考えられる。人事管理が個人を組織に従属させるという役割をもつだけではなく，個人の成長・発達を支援するという側面をもつことを積極的に評価すべきである。キャリア開発は，教育学的な分析の対象になりう

るのである。

　また，キャリア概念が捉える領域は広く，企業外での諸活動も含まれることになる。そのとき，キャリア発達は，企業内だけで完結するものではなく，より広く成人の成長・発達，教育・学習を追究する社会教育・生涯学習研究においても，重要な概念としての位置が与えられることになるであろう。

■ 注 ■

1) 日本におけるキャリア開発に言及した論文などには，以下のものがある。若林満「組織開発とキャリア開発」土屋守章・二村敏子他編『組織の中の人間行動―組織行動論のすすめ―』有斐閣，1982, pp.301-329；南隆夫「キャリア開発の課題」三隅二不二・山田雄一・南隆夫編『組織の行動科学』福村出版，1988, pp.294-331；吉川栄一「キャリア開発計画のあり方」『早稲田大学システム科学研究所紀要』No.19, 1988, pp.183-197.
2) 渡辺峻『ワーク・ライフ・バランスの経営学―社会化した自己実現人と社会化した人材マネジメント―』中央経済社，2009, p. 2.
3) 組織行動論（organizational behavior）において，個人と組織の統合という問題は，古典的にも重要とされてきた問題の1つである。高木晴夫は，個人と組織の統合に関して，「組織の構造とプロセスを通じて行われる個人の活動が，個人の目的と組織の目的を同時に達成できるなら，両者は統合されるであろう」と述べている（高木晴夫「キャリア発達―"個人と組織の統合"の視点から―」『組織行動研究』No.12, 1985, p.51）。
4) Commission on Organization of the Executive Branch of the Government（Herbert Hoover, Chairman）, *Personnel and Civil Service*, 1955.
5) 人間能力開発センター編『転換期における人事管理システム―カリア・プログラム（CDP）の実態―』全日本能率連盟人間能力開発センター，1977, p.119.
6) 同上，p.119-120.
7) Commission on Organization of the Executive Branch of the Government, *op. cit.*, p.3.
8) *Ibid.*, p.22.
9) 人間能力開発センター編『転換期における人事管理システム―カリア・プログラム（CDP）の実態―』前掲，pp.119-120；俵実男『キャリア開発入門』日本経済新聞社，1980, pp.122-123.
10) 同上，p.120. 陸軍文官のCDPというと，軍人の育成を中心とするものであり，民間企業での育成とは異なるのではないかとの指摘もあろうが，実際にCDPが対象としている職能領域は，軍需産業に関連した機械・エレクトロニクス，多様な専門分野の技術者・科学者，また経理・会計・人事などの人事部門であり，民間企業との接点が多いと捉えられている（俵実男『キャリア開発入門』前掲，pp.123-124）。
11) 同上，pp.120-121. キャリア開発とCDPは，実際にはほぼ同じ意味で捉えられることもあるが，本論文では，CDPはキャリア開発を具体化するためのプログラムであると考えている。
12) 同上，pp.121-124.
13) 清水勤は，CDPの基本構造として6つの要素（①キャリア・フィールド，②キャリア・レベル，③キャリア・パターンまたはキャリア・パス，④訓練・啓発プログラム，⑤評価カウンセリングまたは進路相談，⑥その他のシステム）をあげている（清水勤『日本的経歴管理―適性発見と能力開発の進め方―』日本経営者団体連盟，1979, pp.65-83）。
14) 人間能力開発センター編『転換期における人事管理システム―カリア・プログラム（CDP）の実態―』前掲，p.120. アメリカにおけるCDPの事例は，高年齢者雇用開発協会が編集・発行した『アメリカにおけるキャリア・デベロップメント』（1981, pp.30-34）を参照されたい。
15) 俵実男「アメリカにおけるCDPの現状」人間能力開発センター編『いまなぜCDPか』青葉出

版，1982，pp.80-81.
16) 吉川栄一『日本的人事労務管理』有斐閣，1982，p.211. キャリア開発の基本的な考え方は，職人や商人の伝統的な育成のなかに古くから存在したのではないか，という捉え方もある（俵実男『キャリア開発入門』前掲，pp.119-120）。しかし，企業が長期的な視点に立って計画的に人材育成に力を注ぐようになり，その状況のなかで，キャリア開発の考え方に注目し特徴をもったCDPが実施されるようになっていったのは，高度経済成長期に入ってからのことである（吉川栄一，前掲，p.211）。この見方が，今日では一般的であろう。
17) 細谷泰雄「カリア・プログラム―人材育成のための管理システム―」『近代経営』1962年3月号，pp.45-48；細谷泰雄「キャリア・プログラム実施企業の研究」『中央公論経営問題』1971年春季特別号，p.188.
18) 細谷泰雄「カリア・プログラム―人材育成のための管理システム―」前掲，p.45.
19) 池沢章雄「自己実現時代の人事戦略」『中央公論経営問題』1971年春季特別号，p.172.
20) 細谷泰雄「キャリア・プログラム実施企業の研究」前掲，p.198. なお，昭和電工株式会社は，現在，株式会社レゾナック・ホールディングスとなっている。
21) 波潟富士夫「昭和電工における人事諸制度の中でのCDP制度」『人材教育』1987年3月号，p.30；池沢章雄，前掲，p.172.
22) 昭和電工人事部『技術者の経歴管理』1963年9月，p.3（聞き取り調査の際，昭和電工人事部より入手，1994年9月）。
23) 人間能力開発センター編『転換期における人事管理システム―カリア・プログラム（CDP）の実態―』前掲，pp.7-8.
24) 清水勤『日本的経営管理―適性発見と能力開発の進め方―』前掲，pp.87-88.
25) 昭和電工人事部『技術者の経歴管理』前掲，pp.10-14.
26) 同上，pp.22-31.
27) 人間能力開発センター編『転換期における人事管理システム―カリア・プログラム（CDP）の実態―』前掲，p.13.
28) 昭和電工人事部『面接・適正判定の指針』1964年3月，pp.3-5（聞き取り調査の際，昭和電工人事部より入手，1994年9月）。
29) 昭和電工人事部『適性判定書記入要領』1994年，p.3（聞き取り調査の際，昭和電工人事部より入手，1994年9月）。
30) 俵実男『キャリア開発入門』前掲，pp.147-148.
31) McGregor, D. M., *The human side of enterprise*, McGraw-Hill, 1960（高橋達男訳『企業の人間的側面―統合と自己統制による経営―』産業能率短期大学出版部，1970）。
32) Maslow, A. H., A Theory of Human Motivation, *Psychological Review*, 50, 1943, *pp*.370-396；Maslow, A. H., *Motivation and Personality*, Harper & Brothers, 1954, pp. 80-106.
33) 俵実男『キャリア開発入門』前掲，p.124.
34) 同上．
35) 同上．
36) 細谷泰雄「キャリア・プログラム実施企業の研究」前掲，pp.194-203.
37) 同上，p.188.
38) 同上．
39) 松田憲二『キャリア開発と生涯教育』日本能率協会，1987，p.30. 人間能力開発センターにおいて1976年に実施されたCDP調査によると，回答があった427社のうち71社（16.6％）がCDPを導入している（人間能力開発センター編『転換期における人事管理システム―カリア・プログラム（CDP）の実態―』前掲，pp.83-84）。さらに，1982年に同センターが行ったCDPの調査において，1966年からの5年ごとの導入時期をみてみると，1975年までは7～8社の導入にとどまっていたが，1976～1980年には20社に増加している（人間能力開発センター編『CDPの効果と問題点―昭和57年度実態調査報告―』全日本能率連盟人間能力開発センター，1983，p.10）。CDP制度の積極的な導入が，オイル・ショック以降であったことを裏づける数字であるといえよう。
40) 郷田悦弘「若手社員・中高年ミドルのCDP」人間能力開発センター編『いまなぜCDPか』前

掲, pp.167-181.
41) 従来の人事制度では，職務評価に基づいた職能資格制度・職能給制度・職務権限規程・目的別人事考課制度・定型的教育訓練などが，それぞれかかわりをもたず単独で適用されていた（人間能力開発センター編『転換期における人事管理システム―カリア・プログラム（CDP）の実態―』前掲, p.2)。キャリア開発概念の導入によって，日本の人事・管理部門では，計画性と長期性に目が向けられるようになり，その結果として，諸制度間の結びつきがよりいっそう注目されるようになったのではないかと考えられる。
42) 社団法人企業研究会編『CDPの現状と将来』1990, p.8. なお，この報告書は，社団法人企業研究会『21世紀への人材開発マネジメントの実際』(1991) に収録されている。
43) Schein, E. H., *Career dynamics: Matching individual and organizational needs*, Addison-Wesley Publishing, p.3 (二村敏子・三善勝代訳『キャリア・ダイナミクス』白桃書房, 1991, p.3).
44) 日経連と日産訓の共同による産業訓練実態調査では，能力開発関連の諸施策の項目に，「ローテーション・CDP制度」がある。これは，ジョブ・ローテーションとCDPは，同じ意味であると捉えられていることを示す1つの例である（日本経営者団体連盟・日本産業訓練協会編『第7回産業訓練実態調査1990年度企業内教育に関する総合アンケート調査（最終報告）』日本産業訓練協会, 1990, pp.70-71)。
45) 370社を対象として行われた人事労務管理諸制度の実施に関する調査によると，69.5％の企業が自己申告制度を導入しているという（『労政時報』第3145号, 1994, p.35)。また，616社を対象とした日経連と日産訓の調査においても，66.7％の企業が導入していると回答している。さらに，今後実施予定がある企業を含めると，84.6％に及ぶという結果が出されている（日本経営者団体連盟・日本産業訓練協会編，前掲, p.71)。
46) 俵実男「自己申告制度の現状と課題」人間能力開発センター編『自己申告制度の再構築』全日本能率連盟人間能力開発センター, 1983, p.1.
47) 同上.
48) 「多様に活用される自己申告制度―9社の運営事例―」『労政時報』第3073号, 1992, pp.2-44；「人を育て活用する自己申告制度の実際」『企業と人材』No.452, 1986, pp.4-41；吉川栄一「事例にみる最近の自己申告制度」人間能力開発センター編『自己申告制度の再構築』前掲, pp.57-122.
49) 聞き取り調査の際，栗田工業株式会社人材開発部より，自己申告書を入手（1994年9月）。その資料による。
50) 藤岡貞彦「自己啓発と生涯学習」宮原誠一編『生涯学習』東洋経済新報社, 1974, p.23, p.67.

第2章　キャリア発達理論の生成とその展開
―キャリア開発との関連で―

1　キャリア開発の教育学的な考察をめざして

　ここでは，キャリア開発の教育学的な考察をめざして，まず，キャリアとキャリア発達の概念を明らかにする。つぎに，キャリア発達研究において，理論的支柱となる役割を果たしてきたスーパー（Donald E. Super）の理論をめぐる評価と問題点を検討する。ただし，スーパーの理論は，入職前（職業生活に入る前）から入職後（職業生活に入った後）を含めた生涯を包括しているが，その主な対象は人と職業を結びつけるためのいわゆる入職前のキャリア発達過程にある。入職後のキャリア発達を考察するためには，また企業での教育活動のなかにキャリア発達の意義を見いだすためには，スーパーの理論では，対象とする期間と主たる生活の場（学校 vs 企業）という点において限界がある。そこで，入職後における企業・組織のなかでのキャリア発達の概念化を試みたシャイン（Edgar H. Schein）の理論を検討対象に加える。個人と組織の調和というキャリア開発の視点に立つその理論が，キャリア発達をどのように捉えているのかを分析していくことは，キャリア開発研究においては基礎となる。

　また，本章の最後に，概念を整理する節を設けている。キャリア発達概念と生涯学習概念，キャリア発達概念とワーク・ライフ・バランス概念について述べることによって，ワーク・ライフ・バランスと生涯学習に対する理解が深まっていくのではないかと考えている。

2　キャリア発達の概念

（1）キャリアの語源と意味

　キャリア（career）は「経歴」「履歴」，あるいは「専門的職業」ないし「仕事」などを意味する言葉として今日さまざまに用いられている[1]。また，キャリアは，職業移動に関する主要な概念の1つとしても考えられ，職業問題だけにとどまるものではなく，もっと幅広い社会事象ないし人間行動現象を記述す

る方法概念としても用いられている[2]。キャリアをこれまで重要な概念として用いてきたのは，学校教育での進路指導論においてである。そこでは，キャリアは「進路」「経歴」「職業生活」「職業経歴」と訳され，最近ではそのまま「キャリア」とする場合も多い[3]。

かつて，ウィリアムズ（Raymond Williams）は，社会と文化を読み解くために110のキーワードを抽出し，語源や意味の変遷をたどるという貴重な作業を行った。キーワードの1つに選ばれたcareerは，そのなかで次のように説明されている[4]。16世紀初頭から英語に登場したcareerの語源は，ラテン語carrus（荷馬車）から派生したラテン語carraria（車道）である。この言葉は16世紀から，「競争路」「疾駆」を表す用語として，さらに拡大されて「急速なまたは連続する活動」を表す用語としても使われるようになる。ときには「太陽が通る道」（course of the sun）のようなニュートラルに適用されることもあったが，17世紀および18世紀においては，「抑制されない活動」（unrestrained activity）という意味をもつこともあった。そして，19世紀初期頃から，外交官と政治家に関連して用いられるようになり，19世紀中頃には，職業上の進展や職業そのものを一般的に示すようになっていった。とくに20世紀に入ると，前進の展望を内包している仕事（work）や職（job）に適用されていくこととなる。

主なキャリアの意味を，1958年と1970年に刊行されたウェブスター辞書で探ってみると，①競争路，②太陽の軌道，③疾走，④人の一生，⑤職業での成功・出世，⑥訓練を受ける職業，⑦一生の仕事の7つにまとめることができる[5]。現在の日本においてキャリアという用語は，職業にかかわるイメージが強く，①競争路，②太陽の軌道，③疾走と関連したイメージを抱く人はほとんどいないであろう。今日では，キャリアという言葉を聞けば当たり前のように職業や仕事を連想するが，語源も含めた長い歴史から眺めてみると，職業と結びついたキャリアの歴史は意外と浅いという事実に気づかされる。

(2) キャリア発達研究におけるキャリア概念

これまでのキャリア発達研究におけるキャリア概念の展開を見渡してみる

表2-1 キャリア概念とキャリア発達概念の生成とその展開

	キャリア概念	キャリア発達概念
導入期 (1950年代頃)	■既存の職業心理学への疑問 ■職業にかかわる人の生涯を捉えることが可能 ■時間的次元への注目	■職業的発達（vocational development）という言葉で登場する。 ■職業的発達の概念を社会的発達・情緒的発達・知的発達と同様に個人的発達の1つの側面であると捉える（Super, D. E.）。
拡張期 (1970年代頃)	■仕事と他の生活を明確に分離することの限界 ■職業をとりまく他の生活との関連で捉えていこうとする視点の追加 ■空間的次元の拡張	■ライフ・キャリア発達概念を提唱する。「個人の人生における役割（roles）・場面（setting）・出来事（events）の統合を通じた生涯にわたる自己発達（self-development）である」（Gysbers, N. C., Moore, J. E.）。 ■キャリア発達概念の図式化（「人生キャリアの虹」〔life-career rainbow〕）を試みる（Super, D. E.）。

出典：筆者作成

と，研究上の概念としての導入期とその概念の拡張期という2つの時期を経験しているといえる。表2-1は，その2つの時期におけるキャリア概念とキャリア発達概念の生成と展開をまとめたものである。まず，表2-1の左側で示した2つの時期におけるキャリア概念について説明する。第1の概念導入期は1950年代頃であり，学校社会から職業社会への移行というある特定の時期のみに関心が寄せられていた，既存の職業心理学（occupational psychology）への疑問からはじまる[6]。そこでは，キャリア概念への着目とそれを導入することによって，職業にかかわる人の生涯を捉えることが可能となった。第2の概念拡張期は1970年代頃である[7]。仕事と他の生活を明確に分離することがむずかしくなったため，職業に限定された従来のキャリア概念に職業をとりまくほかの生活との関連で捉えていこうとする視点が加わった[8]。つまり，第1の概念導入期にはまずキャリアが捉える時間的次元への注目が，そして第2の拡張期にはキャリアという概念が包摂する空間的次元の拡張が，それぞれの時期に生成されたキャリア概念を特徴づけているといえる。

坂柳恒夫は，キャリアの概念は，次の2つの基本的次元によって捉えられるとしている[9]。1つは，過程（時間的経過）で捉えるキャリアである。キャリアは，個人の生涯にわたる連続的課程で，そのなかには過去から現在に至る

「経歴」(形成されたキャリア) と現在から未来にかけての「進路」(形成していくキャリア) とが内包されているという。ほかの1つは, 内容 (空間的広がり) の観点でみるキャリアである。キャリアには, 教育と職業, 余暇と職業, 職業とライフ・スタイル (生き方・生活様式) などの諸側面も含まれており, 職業のみに限定されない幅広い内容をもつものであるとしている。

坂柳の指摘は, 上述したキャリア概念の変遷を強く意識したものであると考えられる。キャリア発達研究においては, キャリアを時間的次元と空間的次元で把握しようとする見方が定着してきており, 今日では一般的であると考えられる。

(3) キャリア発達概念の基本的特質

つぎに, 表2-1の右側で示した2つの時期におけるキャリア発達概念について説明する。1950年代のキャリア概念導入期において, キャリア発達の概念は職業的発達 (vocational development) という言葉で登場している。1957年, スーパーは, 職業的発達の概念を社会的発達・情緒的発達・知的発達と同様に個人的発達の1つの側面であると捉え, 全人格を具現することができる1つの特殊な媒体として職業に注目した[10]。このように, 1950年代の職業的発達概念は, 発達的観点が強調されることによって, キャリアの時間的次元の拡大に対応しているといえる。1960年代には, 1950年代の発達的観点がよりいっそう強調されるようになり, 職業 (vocation) や職業的発達よりもキャリアやキャリア発達という言葉が好まれて用いられるようになり一般化されていく[11]。

1970年代のキャリア概念拡張期においては, 空間的次元の拡張にともなってキャリア発達の概念も変容している。1975年には, ガイスバース (Norman C. Gysbers) とムーア (Earl J. Moore) は,「職業」という視点から「人生」という視点に拡張するために, ライフ・キャリア発達 (life career development) という概念を提唱した。ライフ・キャリア発達は,「個人の人生における役割 (roles)・場面 (settings)・出来事 (events) の統合 (integration) を通じた生涯にわたる自己発達 (self-development) である」と定義されている[12]。また, こ

の時期には，職業と職業以外の役割を図示したスーパーの「人生キャリアの虹」（life-career rainbow）も登場する。人の成長や発達をより包括的に捉えていこうとする考え方が導入されることによって，1970年代のキャリア発達概念は，職業生活をほかのさまざまな役割のなかで捉えようとする包括性と相互依存性が加わるようになり，空間的次元の拡張に対応しようとしていると考えられる。

つまり，キャリア発達研究においては，キャリアに対する考え方や捉え方によって発達観の骨格が形成されていった。キャリア概念は，歴史的にも重要な位置づけがなされてきたことを，ここから読み取ることができる。なお，2つの時期におけるスーパーの理論に関しては，次の節で詳しく述べる。

ところで，これまで述べてきたキャリア発達は，学校教育における進路指導の科学的根拠として展開されてきた概念であり，その議論の焦点は入職前にあったといえる。しかし，キャリア概念が時間的に拡張されてきたこととも関連するが，キャリア発達が対象とする範囲は，企業などの組織に入ったあとも当然のことながら含まれる。さらに，かつては，組織の発展・拡充の要求のみを偏重するという考え方が支配的であった企業のなかにおいても，個々人の成長・発達の要求をもくみ取る必要性が主張されることによって，入職後のキャリアも議論の対象に加わるようになり，それが，組織内キャリア発達（organizational career development）という概念を生み出すことへとつながっていったのであろう。

(4) 組織内キャリア発達の概念

組織内キャリア発達の議論のなかで，キャリア概念は，「個人の生涯にわたる仕事（work）にかかわる諸経験や諸活動に関連した，個人的に知覚された（individually perceived）態度と行動（attitudes and behaviors）の連鎖（sequence）である」と定義づけられることがある[13]。このホール（Douglas T. Hall）の定義の特徴は，生涯のプロセスを見渡しながら，仕事との関連に焦点を当てているところにある[14]。また，キャリアには，主観的なキャリアと客観的なキャリ

アの2つの側面が含まれているという考え方も，この定義から見いだすことができる特徴の1つであろう。「個人的に知覚された」という用語には主観的なキャリアの側面が，「態度と行動」という言葉には主観的なキャリアと客観的なキャリアの2つの側面が含まれると考えられている[15]。

　組織内キャリア発達の概念は，一般的には，キャリア・プランニングといわれる個人活動の過程とキャリア・マネジメントといわれる組織活動の過程という2つの過程がある[16]。前者は，職業・組織・職務に関する選択や自己発達にかかわる個人の活動であり，個人のキャリア発達支援にかかわる。後者は，採用・選別・人的資源の配置・評価・評定・訓練と開発などの組織の活動である。そして，組織内キャリア発達は，「個人のキャリア・プランニングの過程と組織のキャリア・マネジメントの過程との相互作用から生じる結果」と捉えられている[17]。キャリア・プランニングと呼ばれる個人活動の過程は，キャリア発達研究において，とくにキャリア概念導入期（時間的次元の拡大）で提唱されたキャリア，あるいはキャリア発達概念に類似したものである。組織内キャリア発達の概念は，キャリア・マネジメントと呼ばれる組織活動の過程が基本的土台にあり，「調和」や「相互作用」といった考え方をもち込むことで，キャリア概念導入期のキャリア発達概念と関連づくことになったのである。

　しかしながら，今日定着しているキャリア概念に内在する職業を職業以外のほかの領域との関連で捉えていこうとする視点は，組織内キャリア発達にはもともと含まれていなかったという事実には注意する必要がある。組織内キャリア発達の議論では，キャリアの概念は，今日もなお時間的経過のみを表す象徴的な言葉として用いられているにすぎないのである。したがって，組織内キャリア発達の概念を充実させるためには，企業・組織という場以外へも空間を広げていくことが求められることになる。

　総じて，キャリア発達の概念には，個人の要求に応じた個人の発達に視点をおくもの（キャリア発達）と組織の要求に応じた個人の発達に視点をおくもの（組織内キャリア発達）の2つの側面が存在しており，両義性を帯びているとい

うことになる。第1章で論じたキャリア開発がこれまで前提としてきたキャリア発達観は，個人と組織との相互作用に着目しているという点において，後者の組織内キャリア発達との類似性が高く，それゆえ後者に傾いたキャリア発達観で論じられてきたといえよう。しかし，キャリア開発概念の原義におけるキャリア発達とは，前者のキャリア発達観も正当に位置づけながら，これら2側面の存在を確認していくという作業のなかで構築されなければならない概念である。というのは，キャリア開発概念の重要な構成要素である個人の論理が，その過程においてはじめて確立することになると考えられるからである。

3 キャリア発達の諸理論

(1) キャリア発達研究の動向

1) 心理学的アプローチと社会学的アプローチ

キャリア発達に関する社会的関心が高まり，本格的な研究が行われるようになったのは，1960年以降，とくに1970年代になってからであるといわれている[18]。だが，それまでにもキャリア発達に関する研究は存在しており，キャリア発達前史ともいうべき歴史がある[19]。それは，キャリア発達の研究というよりもむしろ職業や職業適性に関する心理学的および社会学的研究であるといわれてきた。かつて，ヴァン・マーネン（John Van Maanen）は，職業的キャリア（work careers）に関する研究を，心理学的アプローチと社会学的アプローチの2つの側面から整理する作業を試みたことがある[20]。

心理学的アプローチは，人の心理的過程に焦点を据えた心理学者による研究であると捉えられており，①差異理論派（differentialists），②発達理論派（developmentalists），③組織心理学派（organizational psychologist）の3派に分類されている。①の差異理論は，それぞれの職業に必要とされる資質（能力・興味・性格など）のパターンを調べ，それに適合する資質をどのくらい有するかによって，個人の職業適性を明らかにしようとしたものであり，ここでは，ロー（Anne Roe）とホランド（John L. Holland）の研究が紹介されている[21]。②の発達理論派は，人は加齢とともに変化するものであると捉え，どのように

変化するのか,その発達過程に注目する。ここでは,ギンズバーグ (Eli Ginzberg) とスーパーの研究が示されている[22]。また,発達過程を5つの段階に分けたスーパーの職業的発達段階論は,この領域での古典として捉えられている。ここに分類された理論は,人生のある一時期を対象とした差異理論を生涯へと拡張するために築かれたものであり,その点に関していえば,発達理論は差異理論への批判からはじまった理論であるといえる。③の組織心理学派は,組織における人の態度や行動,とくに没入感 (involvement) に目を向ける。そこでは,職場環境への人のとけこみから生じる諸問題が焦点となっている。具体的には,上司と部下との関係,モチベーションと職務満足度,業績の測定と評価,コミュニケーションと意思決定のパターンに関する研究が含まれている。ここでは,シャインとリービット (Harold J. Leavitt) などの研究が紹介されている[23]。

いっぽう,社会学的アプローチは,個人よりも社会的環境に目が向けられているところに特徴がある。それは,研究対象の相違から,①労働者を対象とする産業社会学 (industrial sociology),②特定の職業に従事している人々を対象とする職業社会学 (sociology of occupations),③管理者および専門職を対象とする組織論 (organization theory) の3つに分類されている。

2) 学際的研究

これまで,心理学的アプローチと社会学的アプローチは,歴史的に相互に接点をもたないままで,それぞれが独自に理論構築を追究してきた[24]。そこでは,キャリア発達を規定する要因として,前者は個人の潜在的資質や特性を重視し,後者は個人の環境や経験を重視してきた。つまり,前者では個人に目を向け「人がキャリアを形成する」ということに,また,後者では個人の環境に目を向け「キャリアが人を形成する」ということに関心が注がれてきたのである[25]。このような研究状況にあっては,今後の課題として,社会学的アプローチと心理学的アプローチの両者を統合していくような学際的研究が到達点として求められていることは,当然のことといえよう。

しかし,その統合をめざすためには,まず,心理学的アプローチの領域にお

いて分類された3つの学派の統合を問うていく必要があるのではないかと考えられる。例えば、シャインは、組織心理学派として位置づけられているが、組織内キャリア発達の概念を取り入れたその理論は、まぎれもなく発達理論派としての性格を帯びたものである。組織心理学派としても発達理論派としても位置づけられるシャインの理論は、心理学的アプローチにおける各学派の統合の可能性を示している。シャインの理論を検討していくということは、発達理論が差異理論を基礎にして発展したように、組織心理学の理論が発達理論を基礎にしながらさらに展開していく可能性を切り拓くことであると考えられる。つまり、ヴァン・マーネンが心理学的アプローチとして掲げた3派の理論が統合されるという完成度の高まりを期待することができるのである。

(2) スーパーの理論とそれに対する評価

発達理論派の先駆者であるとともに、その理論をキャリア発達研究のなかに位置づけるために中心的な役割を担ってきたのは、スーパーである。

スーパーは、個人の生涯を動態的に捉えて、1953年に職業的発達理論を提唱した[26]。提唱されてほぼ4半世紀の間に、アメリカでは数えきれないほど多数の学者や実践家がスーパーの論考を取り上げ、多くの調査・研究が行われてきたといわれている[27]。また、日本においても、早くからスーパーの職業的発達理論が紹介され、進路指導の理論と方法に大きな影響を与えてきた[28]。職業的発達は連続性をもち、①成長段階（growth stage）、②探索段階（exploration stage）、③確立段階（establishment stage）、④維持段階（maintenance stage）、⑤下降段階（decline stage）の5つの職業生活段階（vocational life stages）に分けられている[29]。これは、ビューラー（Charlotte Buehler）が示した5つの心理的生活段階（psychological life stages）に基づいた考え方である[30]。スーパーは、「単に人と職業をマッチさせる静的理論」ではなく、「どのようにして職業を選択し、就職し、しだいに成人し、そしてそれぞれ職業の世界に適応していくか」という過程を対象とする「動的理論」の構築をめざそうとした[31]。とくに、「発達」という概念が追加されたことによって、よりいっそう個人の側に

たって，生涯を通じて職業と自己の関係を深めていくことへの基礎が固められたといえよう。

しかし，ライフ・ステージと環境の影響を職業的行動に関連づけて述べられた職業的発達段階論は，20世紀半ばにおける中流階級，ことに白人男性の職業的発達の規範的パターンを描いたにすぎないと批判されることがある[32]。それでもスーパーは，かつて，女性の職業経歴類型に関する資料の少なさを指摘しながら，その類型を7つに分類する作業を行っている[33]。その点に関しては，女性も視野に入れているのではないかといった見方もあるかもしれない。ただし，その後の彼の研究活動のなかで，職業的発達理論の女性への適用を積極的に論じたものは見当たらない。それは，あくまでも意識のレベルにとどまったものであるといえる。職業的発達理論における発達段階論は，ある時代のある特定の組織にとどまる人を対象としたある1つの特殊なパターンを描いたにすぎず，多様な職業への参加のあり方が混在する今日においては，自ずと限界がみえてくるのだろう。

さらに，繰り返しの規則性を前提としたライフサイクルに基づく発達段階論に関しては，生活の主体を個人におきその生涯にわたる変化を社会的・歴史的に規定された発達過程のなかで捉えようとするライフコースの視点からの批判もある[34]。職業的発達理論における発達段階論は，ライフコースの視点によってさらに精緻化される可能性があるだろう。

スーパーが1950年代に提唱した，過去・現在・未来をもつ個人を力動的視点に立って捉えたキャリア概念は，1970年代にはさらに空間において広がりをみせ，包括的な概念として発展をみせてきた。スーパーの「人生キャリアの虹」（life-career rainbow）は，その新たな概念に基づいてキャリア発達を視覚的に表現したものである（図2-1）。この図においては，子ども（child）・学生（student）・余暇活用者（leisurite）・市民（citizen）・職業人（worker）・家庭形成者（homemaker）の主な6つの役割が虹のなかに描かれている[35]。それぞれの役割には，投入される時間と関与の程度が表されており，個人が生涯を通じて演じる役割の同時並行性とその連続性が示されている[36]。「人生キャリアの虹」

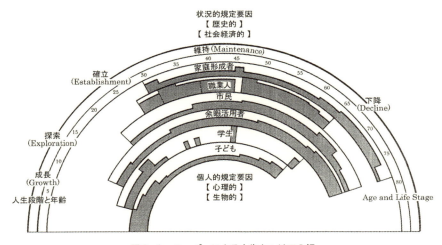

図2-1　スーパーによる人生キャリアの虹

出典：Super, D. E., Life career roles: Self-realization in work and leisure, in D. Brown, L. Brooks & Associates (eds.), *Career choice and development: Applying contemporary theories to practice*, Jossey-Bass Publishers, 1990, p.212をもとに筆者作成

は，個人が選択する重複した生活役割とその役割の重要性をライフサイクルの異なる時点で表していることから，「役割論」と呼ばれることもある[37]。「個人が年齢別に分化した役割と出来事を経つつたどる道である」[38]とされるライフコースの定義に従えば，このスーパーの役割論は，ライフサイクルとライフコースの視点を合わせもった理論であると捉えることができる。また，この役割論は，ライフコースの考え方の影響を受けているのではないかと考えることもできる[39]。

しかし，役割論においては，「ライフ・キャリア（ロール）同士の相互関連については未だ十分な言及がない」[40]や，「個人におけるライフ・ロールの多重性と重要性の記述に留まって，一人ひとりがライフ・ロールをいかに選択し，いかに果たしているのかをとらえる視点が乏しい」[41]などといった批判もある。また，人生における主要な役割の転換期にあたる一時点には注意が向けられているが[42]，日常的な職業人としての役割と職業をとりまく他の役割との関連や相互関連性については述べられていないと思われる。つまり，空間的次

元は拡張されたのであるが、職業と他の役割との関連や相互依存性への追究は、役割論に残された今後の課題であるといえる。

(3) シャインの組織内キャリア発達理論
1) シャインのキャリア開発の視点

　シャインのキャリア開発の具体的な考え方に関しては、第1章においても少しふれた。シャインは、組織心理学派の代表論者として、個人が組織を通じて自己のキャリアをどのように形成していくかという個人と組織の相互作用に対して、一貫して「個人と組織の統合」、つまり、キャリア開発の視点にたって研究を積み重ねてきた研究者の1人である。シャインの理論は、1978年に刊行された *Career Dynamics* に集約されるだろう。この書は、組織と個人がどのようにして、ともに利益（benefit）を得るようそれぞれの要求を調和（match）させうるのか、そのことを探求するために書かれたものである[43]。

　組織は、個人の職務遂行に依存し、その一方で、個人は、仕事やキャリアの機会を提供する組織に依存している[44]。組織は、人的資源の有効性を維持し存続して成長するために、人的資源の募集・管理を行い開発したいという要求をもち、個人は、保障・やりがい（challenge）、およびライフサイクル全体にわたる自己成長の機会をもたらす仕事環境を得たいという要求をもっている[45]。シャインの関心は、組織と個人のキャリア全体ないし生涯を通じて、時の経過にともなってそれぞれの要求をどう調和させるかにある[46]。シャインは、その際、組織内キャリア発達の概念に注目した。

2) 組織内キャリア発達

　シャインは、組織におけるキャリア発達を、ある一定の方向をもった組織内での個人の移動であると把握して、組織の3次元モデル（three-dimensional model of an organization）を示している（図2-2）。これは、組織を3つのタイプの境界とそれを通りぬける3つのタイプの動きからなる円錐形として考えられたものである。そして、図に表されたように組織内での個人の移動（movement）は、階層（rank）・部内者化または中心性（inclusion and centrality）・職

能(function)といった3つの次元から構成されており、その移動は、垂直的(vertically)・放射状(radially)・円周上(circumferentially)の3つの型に集約されている[47]。

まず第1の移動は、階層の境界(hierarchical boundaries)を通過して上昇していく垂直的な移動である。一定の昇進・昇給を達成しながら、組織内で階層の軸に沿った移動を行うとされている。職場組織には、新入社員・中堅社員・管理者・経営者などで構成されるさまざまな階層があるが、その階層間の移動がこのタイプの移動にあたる。「垂直的キャリア成長」(vertical career growth) として捉えられることもある。

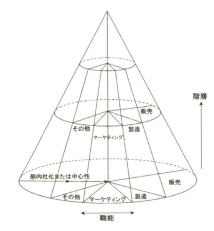

図2-2 シャインの組織内キャリア発達の3次元モデル

出典：Schein, E. H., The individual, the organization, and the career: Conceptual scheme, *Journal of Applied Behavioral Science*, 7 (4), 1971, p.404をもとに筆者作成

第2の円周上の移動は、販売・製造・マーケティングなどといった組織部門の職能的境界(functional boundaries)を移動していくタイプである。職場組織における配置転換やジョブ・ローテーションに基づく移動はこのタイプにあたる。ただし、人生の早い段階から1つの専門に入り職業生活のすべてをそこで過ごす人々は、職能次元に沿った移動はほとんど行われないとされている。このタイプの移動は、「水平的キャリア成長」(horizontal career)として捉えられている。

第3の放射状の移動は、内円(inner circle)や職業や組織の核に沿って動いていくタイプである。学びの機会が増え、職業や組織の年長者から信頼され、在職権(tenure)を得て、責任が求められるようになれば、人々は、部内者化あるいは中心性の次元に沿って組織の核に向かって移動していく。第3の移動は、もう1つの「水平的キャリア成長」であると捉えられている。なぜなら

ば,垂直的な次元において行き詰まった人々にとっても,組織の核へ向かっていくプロセスのなかで成長の可能性が残されているからである。なおこのタイプの移動は,ほかの2つの移動に比べて把握が困難であるという。この移動を客観的にみる指標が乏しいということであろう。

組織の3次元,つまり階層・職能・部内者化または中心性は,それぞれ独立しているわけではない[48]。つまり,職能が変化するときは,それにともない階層や中心性も変わる。また,中心性の変化は,階層が変わる前提条件ともなる。そして,シャインが示した3次元は,組織内キャリア発達の3つの異なる方法である考えられている[49]。

1つの垂直的成長と2つの水平的成長がそれぞれ複雑に絡み合うなかで遂げていく組織内キャリア発達の姿を,私たちはこの円錐の図を通して読み取らなければならないのであろう。

3) シャインの理論の評価をめぐって

個人と組織の統合という問題は,組織行動論(organizational behavior)の領域では,古典的な重要な問題であり,以前から多くの議論がなされてきたといわれている[50]。だが,両者の統合を直接的に扱った研究は比較的少なく,多くの場合は,職務満足などが対象とされる個人目的の達成,あるいは組織効率の向上に関心が向けられる組織目的の達成のどちらかに研究上の重点がおかれているという[51]。シャインは,個人と組織の統合の問題に直接焦点を据えている数少ない研究者の1人である[52]。

シャインの理論の独自性は,次の2つに整理されている[53]。まず1つは,組織内キャリア発達のプロセスを扱うことによって,職務活動を援助する活動,すなわち採用・訓練・配置・評価・異動・報酬などに焦点を当てているという点であり,職務活動そのものを解明しようとする研究とは本質的に異なるものである。したがって,シャインの理論は,「職務遂行を援助する活動による個人と組織の統合」を扱っている点に独自性がみられる。次にあげられる独自性は,個人と組織が時間的に変化することを考慮に入れて,個人の組織内キャリア発達のダイナミクスを取り上げ,人事管理の活動と個人と組織の統合との関

係について動的に論じたという点である。

　だが，個人と組織のダイナミクスに着目して形成されたシャインの理論は，キャリア開発の現実の場面においては高い評価を得ているといえるが，「組織の3次元モデル」に関していえば，いくつかの問題点も指摘されている。南隆男は，「移動の生じやすさと，移動が生じた場合それを第三者（たとえば研究者）の立場から分類するためのたんなる記述的な枠組み（descriptive model）以上のものではない」と述べている[54]。また，「キャリア発達にとって決定的と思われる垂直的移動や放射軸上に沿った組織システムの中枢部への移動がどのようなメカニズムによって引き起こされてくるのかという『移動過程』の問題はとくに詳しくは論じられていない」とも述べている[55]。

　「昇進・昇格メカニズム研究や出世研究」[56]として捉えられることもあるシャインの組織内キャリア発達の概念は，上昇性にその主眼があるといえる。ピラミッド型の組織のなかでの個人の位置や移動を明確に位置づけたにすぎないのではないか，といわれているのである。その点に関していえば，移動という顕在的な側面だけを問題とするだけではなく，内面的・主観的な側面においてもさらに一歩踏み込む必要がある[57]。また，上昇性にとらわれた組織内キャリア発達概念は，キャリア概念に多面性と複合性を組み込むことによって，上昇性へのこだわりから解放される可能性があるだろう。その多面性と複合性とは，キャリア概念の拡張期で求められた空間的次元の拡張の通じるものであり，職業とほかの生活領域との関連性をより重視していくことが求められるのである。

4　キャリア開発研究の新たな方向と今後の課題

(1) 組織内キャリアの社会的通用性をめぐって

　組織内キャリア発達理論において，これまでに論じられてきた職務のみに限定される職業的キャリアは，一組織内で形成され通用する，社外通用性をもたない自己完結的な職業的キャリアの蓄積を前提としたものである。今後の実践的課題としては，閉鎖的な一組織内のみで評価される職業的キャリアではな

く，一組織を超えても通用するような職業的キャリアの蓄積を評価する社会システムのあり方を検討することであろう。実際，一組織内から多組織に通用する評価の今後の行方に関しては，各種さまざまな人材開発や人材育成に関する研究会においても，活発な議論が行われている。これまでの一組織内で30年から40年の勤続期間を想定して語り継がれてきた議論は，社会的横断性を前提として職業的キャリアの蓄積を捉えていく議論へとまさに揺れ動いている状態であるといえる。

そのような状況のなかで今後よりいっそう重要な問題となるのは，職業的キャリアの蓄積に関する社会的通用性をキャリア発達の文脈のなかで捉え直していこうとする視点である。その際，職業的キャリアの非連続性から生じる，過去の職業的キャリアの蓄積も合わせて議論の対象とされることが望まれる。職業的キャリアの非連続性には，女性問題との関連だけではなく，教育訓練休暇やボランティア休暇など，多様な問題も複雑に絡んでくる。このため，非連続的な職業的キャリアも，考察の対象に入れるようなキャリア発達理論が求められているのである。

また，職業的キャリアの非連続性に関する課題は，職業をとりまく他の領域との関係で捉えていく視点を必要とする。1970年代以降の拡張された概念に基づいた，職業を人生の他の領域とのかかわりで論じようとする総合的なキャリア発達理論は，今のところ見受けられないのが現状である。総合的なキャリア発達理論の完成に向けて，職業的キャリアの非連続性の考え方は示唆的であると考えられる。また，これらの考え方に目を向けることによって，上昇性に重点がおかれたシャインの組織内キャリア発達理論は，拡充性という観点からの理論再構築が可能となるだろう。

(2) キャリア開発研究とキャリア発達

ここで再び，キャリア発達概念と組織内キャリア発達の概念の違いについてふれておく。入職前に重視されていた発達的観点は，企業に入ると同時に軽視されていく傾向にある。そして，職業以外の空間を視野に入れてその役割と相

互依存性へ目を向けようとするキャリア発達の概念に対して，組織内キャリア発達の概念はまったく無関心であるといってよいだろう。つまり，入職前と入職後のキャリア発達の捉え方に断絶が生じているのである。たしかに，組織内キャリア発達の概念は，入職前のキャリア発達の概念に比べると，個人レベルと組織レベルの2つの側面から論じられることが多く，また議論はその2つのレベルの相互性が中心となってきた。しかし，入職前も入職後も一貫して同じ意味をもった概念としてキャリアを捉えていく視点は肝要ではないだろうか。これは，生涯にわたるキャリア発達概念を追究していくためには，組織内キャリア発達概念にキャリア発達概念を生かしていくことがより重要になるであろうことの根拠を示しているのである。キャリア開発研究の理論にキャリア発達の概念を位置づけていくことは，私たちが取り組むべき課題であり，また新しい方向であると考えられる。

　その取組の第一歩として，まず歴史が浅いといわれる入職後の組織内キャリア発達，さらにそれをとりまく組織環境に関する実証的研究を蓄積していくことが必要である。そしてつぎに，キャリア発達研究を活性化させる必要がある。そこでは，キャリア発達研究におけるライフコース・アプローチの適用が求められるだろう。すでに述べたように，個人の職業的キャリアの多様性を軽視したライフサイクルの概念に基づくスーパーの職業的発達理論のなかでみられた職業生活の段階論的アプローチは，やや古く，年齢などによる区分もあまりにも伝統的である。

　ライフコースは，キャリアの束と捉えられることがある。そこでのキャリアは，役割論とも重なるが，職業人としてのキャリア・余暇人としてのキャリア・家庭形成者としてのキャリアなど人々が生きていくうえで経験するさまざまなキャリアが想定されていると考えられる。その束の多重性を丹念にみていこうとするアプローチが開発されていくことは，今後のキャリア発達研究にとって，職業と重なる他の役割との相互性について追及する役割論を拡充していくうえで示唆的である。例えば，役割論において，労働と余暇という役割は存在するが，互いに分離している状態で捉えられてきたこれまでの理論は，そ

の結びつきや互いに及ぼす影響などへの積極的な言及もみられるようになるであろう。また，個人の能力を常に引き上げることを目的としている上昇性の強いシャインの組織内キャリア発達の理論は，キャリアの束を考慮したライフコースの視点によって，個人の価値観の多様性を考慮に入れた理論へと検討を重ねていく必要があるといえる。

5 概念の整理

(1) キャリア発達概念と生涯学習概念

ここで，少しでもワーク・ライフ・バランスと生涯学習に対する理解が深まるように，概念の整理をしておきたい。まず，キャリア発達概念と生涯学習概念についてである。

キャリア発達の核となるキャリア概念は，時間的な広がりと空間的な広がりを経験したという点において，次に述べる生涯学習概念とよく似ている。キャリア概念は，研究上の概念としての導入期とその概念の拡張期という2つの時期を経験してきたことは，すでに述べたとおりである。繰り返すことになるが，第1の導入期（1950年代頃）において，学校社会から職業社会への移行というある特定の時期に限定されていた期間が，キャリア概念を導入することによってその期間は生涯へと広がっていった。第2の拡張期（1970年代頃）には，職業のみに限定されていた空間が，ほかの生活世界をも含む空間へと広がっていった。

いっぽう，生涯学習（生涯教育）という概念は，1965年，ユネスコのラングラン（Paul Lengrand）の提言"éducation permanente"を受けて国際的に広がっていくが，その考え方には，垂直的統合と水平的統合の2つの統合があるといわれている[58]。垂直的統合とは，人が生まれてから死ぬまでの各時期における学習を関連づける見方であり，水平的統合は，さまざまな学習の機会，機関などの関連づけをはかることである[59]。すなわち，垂直的統合は，時間的な広がりに対応するもので，対象とする期間は生涯である。水平的統合は，空間的な広がりに対応するもので，対象とする空間は学校にかぎらず多様多種な学習機

会が含まれている。

このように，キャリア概念と生涯学習概念は，社会環境の変化に対応しながら，それぞれの概念において時間的にも空間的にも最大限の広がりをみせるようになった。そのことは，この2つの概念の最大の共通点であり最大のメリットであるといってよいであろう。しかし，その最大限の広がりを獲得したことによって，意味内容の希薄化や曖昧さと常に向き合わなければならないこととなった。2つの概念はこのような課題を背負ってはいるものの，似ているがゆえに，2つの概念が力を合わせることの意義ははかりしれない。

(2) キャリア発達概念とワーク・ライフ・バランス概念

つぎに，キャリア発達概念とワーク・ライフ・バランス概念についてである。働くことを中心として人の成長・発達を捉えていくキャリア発達概念には，次の2つの視点が含まれているといえよう。1つ目は，職業世界で仕事の経験を積み重ねていくなかでキャリア発達を遂げていくという視点である。そして，2つ目は，仕事とその他の役割（家庭形成者，市民，学習者，余暇活用者）との関係においてキャリア発達を遂げていくという視点である。キャリア発達概念とワーク・ライフ・バランス概念という2つの概念は，仕事と生活の関係をみていくという点とすべての働く人々を対象としているという点でよく似ている。

しかし，この2つの概念には大きな違いもある。それは，キャリア発達概念は，仕事と他の役割との関係で人は成長していくことを前提として考えられているのに対して，ワーク・ライフ・バランス概念は，仕事と他の役割との間には，大きなコンフリクト（衝突）や壁があることを前提として考えられているという点である。やや楽観的なキャリア発達概念に対して，ワーク・ライフ・バランス概念は最初から悲観的な様相を帯びているのである。ただ，悲観的な様相を帯びているがゆえに，ワーク・ライフ・バランスの研究は，仕事と他の役割との間にあるコンフリクトや壁を一生懸命取り除こうと努力することに通じていく。その努力によって，ワーク・ライフ・コンフリクトが減少していけ

ば，仕事と他の役割との関係に目を向けたキャリア発達にきっといい影響を与えてくれるはずである。

現在，スーパーの「人生キャリアの虹」は，ワーク・ライフ・バランスの観点からも注目されている[60]。キャリア発達にとってワーク・ライフ・バランスは，欠かすことができないパートナーなのである。

■ 注 ■

1) 今津孝次郎「キャリアの概念」『名古屋大学教育学部紀要』第34巻，1987，p.151.
2) 同上.
3) 坂柳恒夫「進路指導論におけるキャリア発達の理論」『愛知教育大学研究報告』第39輯，1990，p.141.
4) Williams, R., *Keywords: A vocabulary of culture and society*, Oxford University Press, 1976, pp. 44-45（岡崎康一訳『キーワード辞典』晶文社，1980，pp.57-58）.
5) McKechnie, J. L.（general supervision），*Webster's new twentieth century dictionary of the English language*, The World Publishing Company, 1958, p.274；Guralnik, D. B.（editor in chief），*Webster's new world dictionary of the American language*, The World Publishing Company, 1970, p.214.
6) Super, D. E.（原喜美訳・藤本喜八補訳）「職業的発達の理論と研究（上）」『進路指導』1969年5月号，p.2.
7) 川崎友嗣「米国におけるキャリア発達研究の動向」『日本労働研究雑誌』No.409，1994，pp. 53-54.
8) 同上.
9) 坂柳恒夫，前掲，p.142.
10) Super, D. E., *The psychology of careers: An introduction to vocational development*, Harper & Brothers, 1957, p.185（日本職業指導学会訳『職業生活の心理学―職業経歴と職業的発達―』誠信書房，1960，p.235）.
11) Gysbers, N. C., & Moore, E. J., Beyond career development: Life career development. *Personnel and Guidance Journal*, 59（9），1975，p.647.
12) *Ibid.*, p.648.
13) Hall, D. T., *Careers in organizations*, Goodyear Publishing Company, 1976, p.4.
14) *Ibid.*, pp.3-4.
15) Hall, D. T., *Careers in and out of organizations*, Sage Publications, 2002, p.12. なお，2002年に出版された *Careers in and out of organizations* は，1976年に刊行された *Careers in Organizations* をベースにして執筆されたものである。
16) Gutteridge, T. G., & Otte, F. L., Organizational career development: What's going on out there? *Training and Development Journal*, 37, 1983, pp.22-23.
17) *Ibid.*, p.23.
18) 高年齢者雇用開発協会編『アメリカにおけるキャリア・デベロップメント』高年齢者雇用開発協会，1981，pp.1-2.
19) 同上，p.3.
20) Van Maanen, J., Introduction: The promise of career studies, in J. Van Maanen（ed.），*Organizational careers: Some new perspectives*, John Wiley & Sons, 1978, pp.5-8；高年齢者雇用開発協会編，前掲，pp.3-4.
21) Roe A., Early determinant of vocational choice, *Journal of Counseling Psychology*, 4（3），

1957, pp.212-217 ; Holland, J. L., *The psychology of vocational choice: A theory of personality types and model environments*, Blaisdell Publishing Company, 1966.
22) Ginzberg, E., Ginsburg, S. W., Axelrad, S., & Herma, J. L., *Occupational choice: An approach to a general theory*, Columbia University Press, 1951 ; Super, D. E., Career development: Self-concepts theory, College Entrance Examination Board, 1963.
23) Schien, E.H., *Organizational psychology*, Prentice-Hall, 1965 ; Leavitt H. J., *Managerial psychology: An introduction to individuals, pairs, and group in organizations*, University of Chicago Press, 1962.
24) Van Maanen, J., *op. cit.*, p.8；高年齢者雇用開発協会編, 前掲, p.4.
25) Van Maanen, J., *op. cit.*, p.8.
26) Super, D. E., A theory of vocational development, *The American Psychologist*, 8, 1953, pp.185-190.
27) 藤本喜八「職業的発達理論の実践的展開」『進路指導研究』第1巻, 1980, p.2.
28) Super, D. E.（原喜美訳・藤本喜八補訳）前掲（『進路指導』1969年6月号と7月号において, 続編が掲載されている）.
29) Super, D. E., Crites, J. O., Hummel, R. C., Moser, H. P., Overstreet, P. L., & Warnath, C., *Vocational development: A framework for research*, Teachers College, Columbia University, 1957, pp.40-41.
30) Super, D. E., *The psychology of careers*, *op. cit.*, pp.71-72.
31) Super, D. E.（原喜美訳・藤本喜八補訳）前掲, p.2.
32) 川崎友嗣, 前掲, p.552. このスーパーの理論に対する批判は, スーパーの理論全体を対象としたものであるが, 当然のことながら職業的発達段階論に対してもあてはまる.
33) Super, D. E., *The psychology of careers*, *op. cit.*, pp.76-78. 女性の7つの職業経歴類型は, ①安定家事従事型（stable homemaking career pattern）, ②定型的な型（conventional career pattern）, ③安定就労型（stable working career pattern）, ④就労・家事両立型（double-track career pattern）, ⑤中断のある就労型（interrupted career pattern）, ⑥不安定型（unstable career pattern）, ⑦多種試行型（multiple-trial career pattern）である.
34) 天野正子「ライフコースと教育社会学—特集にあたって—」『教育社会学研究』No.46, 1990, pp.12-13.
35) スーパーは, 1980年の図において, 9つの役割を虹のなかで提示していたが, この章で示した1990年の図では, spouse（配偶者）, parent（親）, pensioner（年金受給者）の役割を除き主な役割として6つが示されている. なお, 1980年の図のオリジナルは, 1976年に *Proceedings of the eighth seminar of the international association for educational and vocational guidance*（Vol.1）において紹介された図の改訂版である（Super, D. E., A life-span, life-space approach to career development, *Journal of Vocational Behavior*, 16, 1980, p.289）.
36) Super, D. E., Life career roles: Self-realization in work and leisure, in D. T. Hall, & Associates（eds.）, *Career development in organizations*, Jossey-Bass Publishers, 1987, pp.96-100.
37) 川崎友嗣, 前掲, p.55.
38) 森岡清美「ライフコース接近の意義」森岡清美・青井和夫編『現代日本人のライフコース』第一法規, 1987, p.2.
39) ライフコースという用語が慣用化されたのは1970年代の後半, スーパーが役割論を提唱したのは1976年のことであり, この時代的背景からも推察できよう.
40) 菊池武剋「生涯発達におけるキャリア発達の構造に関する研究—キャリア発達研究の再構築をめざして—」『悠峰職業科学研究紀要』第1巻, 1993, p.24.
41) 菊池武剋「個人の歴史の中での集団帰属意識」日本労働研究機構編『集団帰属意識の変化と職業生活』（調査研究報告書 No.104）1998, p.96.
42) Super, D. E., A life-span, life-space approach to career development, *op. cit.*, pp.290-294.
43) Schein, E. H., *Career dynamics: Matching individual and organizational needs*, Addison-Wesley Publishing Company, 1978, p.1（二村敏子・三善勝代訳『キャリア・ダイナミクス』白桃書

房，1991，p.1).
44）*Ibid.*
45）*Ibid.*
46）*Ibid.*
47）Schein, E. H., The individual, the organization, and the career: Conceptual scheme, *Journal of Applied Behavioral Science*, 7 (4), 1971, pp.403-405 ; Schein, E. H., *Career dynamics: Matching individual and organizational needs*, *op. cit.*, pp.37-39（二村敏子・三善勝代訳，前掲，pp.39-42).
48）若林満「組織内キャリア発達とその環境」若林満・松原敏浩編『組織心理学』福村出版，1988，p.243.
49）同上，pp.243-244.
50）高木晴夫「終身雇用下における技術者のキャリア発達過程―『個人と組織の統合』の視点からの探索的研究―」『組織行動研究』（慶應義塾大学産業研究所社会心理学班研究モノグラフ）No.12，1985，p.51，p.53.
51）同上，p.53.
52）シャインのほかには，バーナード（Chester I. Barnard），アージリス（Chris Argyris），バレット（Jon H. Barrett），ローシュ（Jay W. Lorsh）とモース（John J. Morse）の研究が紹介されている。高木晴夫が参考文献として紹介していた資料は，以下のとおりである。Barnard, C. I., *The functions of the executive*, Harvard University Press, 1938（山本安次郎・田杉競・飯野春樹訳『新訳・経営者の役割』ダイヤモンド社，1968）; Argyris, C., *Integrating the individual and the organization*, Wiley, 1964（三隅二不二・黒川正流訳『新しい管理社会の探求―組織における人間疎外の克服―』産業能率短期大学出版部，1969）; Barrett, J. H., *Individual goals and organizational objectives: A study of Integration Mechanisms*, Institute for the Social Research, University of Michigan, 1970 ; Lorsch, J. W., & Morse, J. J., *Organizations and their members: A contingency approach*, Harper and Row, 1974（馬場昌雄・服部正中・上村祐一訳『組織・環境・個人―コンティンジェンシー・アプローチ』東京教学社，1977). なお，高木晴夫は，バーナード，アージリス，バレット，ローシュとモース，そしてシャインも含めて，彼らの研究を詳細に検討する作業を行っている（Takagi, H., Integration between the individual and the organization: An exploratory study of career development under lifetime employment, unpublished doctoral dissertation, Harvard University, 1984).
53）高木晴夫，前掲，pp.54-55.
54）南隆男「キャリア開発の課題」三隅二不二・山田雄一・南隆男編『組織の行動科学』福村出版，1988，pp.303-304.
55）同上，p.304.
56）同上．
57）同上，p.305.
58）倉内史郎「生涯学習社会の構図」倉内史郎・鈴木眞理編『生涯学習の基礎』学文社，1998，pp.7-8.
59）同上，p.8.
60）若松養亮「職業的発達理論からキャリア発達理論へ」日本キャリア教育学会編『新版キャリア教育概説』東洋館出版社，2020，p.42.

第2部 ワーク・ライフ・バランスの現状を探る

第3章　ワーク・ライフ・バランスの概念とその展開
　　　　—国の施策を手がかりとして—

1　キャリア開発からワーク・ライフ・バランスへ

　第1部では，ワーク・ライフ・バランスのはじまりを企業のキャリア開発の考え方に見いだし，ワーク・ライフ・バランスの源流をたどってきた。そこでは，キャリア開発の歴史的変遷をふまえて，キャリア開発の個人的側面であるキャリア発達に着目し，キャリア開発の教育学的考察をめざした。

　第2部では，第1部を視野に入れつつ，ワーク・ライフ・バランスの現状を探っていく。まず第2部のトップバッターとしての役割を担う第3章では，キャリア開発の個人的側面であるキャリア発達の支援をさらに充実させていくために，ワーク・ライフ・バランス概念に焦点を据えて，その本質を明らかにする。

　最初に，国においてワーク・ライフ・バランス施策がどのように生成され展開されてきたのかについてを3期に分けてレビューし，施策上におけるワーク・ライフ・バランス概念の意義を確認したうえで，今後のワーク・ライフ・バランス施策の役割について述べる。それらをふまえつつ，ワーク・ライフ・バランスにかかわる企業の取組を検討していくための5つの視点を明らかにする。

2　ワーク・ライフ・バランス施策の生成と展開

(1) ワーク・ライフ・バランス施策の萌芽期（1972～1994年）—男女平等施策と少子化対策

　これまでの日本のワーク・ライフ・バランス施策の生成と展開を，主に施策が対象としている人々に目を向けて整理すると，萌芽期（1972～1994年），創成期（1995～2002年），確立期（2003年～）の3つに分けて捉えることができる（表3-1）。まず，表3-1のワーク・ライフ・バランス施策の萌芽期について，その内容を確認する作業からはじめたい。そもそも日本におけるワーク・ライ

表3-1 ワーク・ライフ・バランス施策の生成と展開

	萌芽期 (1972〜1994年)	創成期 (1995〜2002年)	確立期 (2003年〜)
主な施策	男女平等施策と少子化対策	少子化対策	次世代育成支援策
対象	働く女性	働く女性から すべての働く人々へ	すべての働く人々
鍵概念	仕事と子育ての両立	ファミリー・フレンドリー	ワーク・ライフ・バランス
生活範囲	子育て	子育て・介護	子育て・介護・学習活動・地域活動・ボランティア活動
関連施策	エンゼルプラン（1994）	少子化対策推進基本方針（1999） 新エンゼルプラン（1999） 少子化社会を考える懇談会（2002） 少子化対策プラスワン（2002）	次世代育成支援に関する当面の取組方針（2003） 少子化社会対策大綱（2004） 子ども・子育て応援プラン（2004） 新しい少子化対策（2006） 仕事と生活の調和（ワーク・ライフ・バランス）憲章及び行動指針（2007） 「子どもと家族を応援する日本」重点戦略（2007）
関連法・国際的動向など	勤労婦人福祉法成立（1972） 国際婦人年（1975） 女子差別撤廃条約採択（1979） 国連婦人の10年後半期行動計画採択（1980） ILO第156号条約および第165号勧告の採択（1981） 男女雇用機会均等法（1985） 育児休業法（1991）	育児・介護休業法（1995） 男女共同参画社会基本法（1999）	次世代育成支援対策推進法（2003） 少子化社会対策基本法（2003） 次世代育成支援対策推進法改正（2014） 女性活躍推進法（2015）

出典：筆者作成

フ・バランス概念は，少子化対策の一環として注目されるようになった考え方である。しかし，その出発点は男女平等（男女共同参画）施策に求めることができる[1]。萌芽期は，勤労婦人福祉法（昭和47年法律第113号）制定の1972年がはじまりと考えられる。同法の第1条では，働く女性の福祉の増進と地位の向上を図るために，「職業指導の充実」「職業訓練の奨励」「職業生活と育児，家事その他の家庭生活との調和の促進」「福祉施設の設置等の措置の推進」が求められている[2]。また，第2条では，基本的理念の1つとして，「勤労婦人が職業生活と家庭生活との調和を図り，及び母性を尊重されつつしかも性別によ

り差別されることなく,その能力を有効に発揮して,充実した職業生活を営むことができるように配慮される」ことが規定されている[3]。「職業生活と家庭生活との調和」の視点をもつ勤労婦人福祉法は,ワーク・ライフ・バランス施策の出発点でもあり,原点でもあると捉えることができるだろう。

その後,1975年の国際婦人年,1979年の女子差別撤廃条約の採択,1980年の国連婦人の10年後半期行動計画,ならびに1981年のILO第156号条約および第165号勧告の採択(男女を問わず家族的責任をもつ労働者が,差別を受けることなく働くことを可能にするとともに,職業生活と家庭生活の両立を図るために必要な措置を講ずることが加盟国に求められた),などといった国際的な動向を背景として,日本においても男女平等施策の重要性が認識されはじめ,その流れは1985年の男女雇用機会均等法(正式名称:雇用の分野における男女の均等な機会及び待遇の確保等女子労働者の福祉の増進に関する法律)の成立へとつながっていく[4]。男女雇用機会均等法は,上述した勤労婦人福祉法を抜本的に改正したものであり,働く女性の福祉の増進に関する総合的立法として生まれ変わったものとして捉えられている[5]。

男女雇用機会均等法の制定によって,働く場での男女平等はめざされていく。だが,働く女性の多くが育児・介護などの家庭責任を担っている状況では,仕事と家庭の両立支援策も同時に充実させなければ男女間の仕事上での格差を解消することはむずかしい[6]。そこで,仕事と家庭の両立支援施策は,男女間のキャリア面での格差を解消するうえで,男女平等施策と並ぶ「車の両輪」と位置づけられることとなる[7]。

仕事と家庭の両立支援施策の推進にあたっては,少子化という社会的背景の存在は大きかった[8]。少子化の問題が広く日本社会において認識されるようになったのは1990年のことであり,それは前年の人口動態統計で合計特殊出生率が1966年の「ひのえうま」の年を下回る1.57であることが判明した時期であったといわれている[9]。「1.57ショック」という言葉が生まれ,その頃から社会問題として少子化に対する問題が注目されるようになり[10],「子育て支援」というコンセプトが登場することになる[11]。その後,1991年の育児休業制度の法制

化を経て，1994年の「エンゼルプラン」(「今後の子育て支援のための施策の基本的方向について」の作成へとつながっていく。

「エンゼルプラン」では，①子育てと仕事の両立支援の推進（保育サービス・システムの充実を含む），②家庭における子育て支援（地域子育て支援センターの拡充を含む），③子育てのための住宅および生活環境の整備，④ゆとりある教育の実現と健全教育の推進，⑤子育てコストの削減，の「子育てと仕事の両立」と「子育て支援」を柱とした5つの基本的方向が，当時の文部・厚生・労働・建設の4省によって提出された[12]。そのなかでも，子育てと仕事の両立支援政策は，少子化対策の重要な柱となっていった。なぜなら，少子化が進んでいるのは，仕事と子育ての両立支援が不十分なためであり，女性の就業継続を前提にして仕事と子育ての両立を図らなければ，女性は仕事か子育てかの選択を迫られることになり，少子化傾向は今後もさらに続いていくものと考えられたためである[13]。

つまり，萌芽期におけるワーク・ライフ・バランスのはじまりは，男女平等施策と並ぶ「車の両輪」と捉えられた「仕事と家庭の両立支援施策」のなかにあり，「仕事と家庭の両立支援施策」は，その後，少子化対策と強く結びつくことによって，「仕事と子育ての両立支援施策」へと細分化されていったことが読み取れる。そして，萌芽期として捉えたこの時期のワーク・ライフ・バランス施策における特徴は，①仕事との両立が求められたのは，「生活」の1領域である「家庭」，そのなかでもとくに「子育て」であった，②施策の主な対象が「働く女性」に限定されていた，の2つに整理することができる。

(2) ワーク・ライフ・バランス施策の創成期（1995～2002年）—少子化対策を中心として

つぎに，ワーク・ライフ・バランス施策の創成期について，その内容をみていく（表3-1）。1991年に制定された育児休業法は，高齢化の進展に伴い高齢者の介護をとりまく環境整備が重要な課題となり，1995年には介護休業を含む育児・介護休業法（正式名称：育児休業等育児又は家族介護を行う労働者の福祉に

関する法律）に改正された[14]。少子化対策は，1999年の「新エンゼルプラン」（「重点的に推進すべき少子化対策の具体的実施計画について」）の作成によって，少子化問題の核心へと近づいていく。このプランは，少子化対策推進関係閣僚会議で決定された「少子化対策推進基本方針」に基づく重点施策の具体的実施計画として，当時の大蔵・自治の2省が加わり策定されたものである[15]。そこでは，①働き方についての固定的な性別役割分業や職場優先の企業風土の是正（「ファミリー・フレンドリー企業」の普及促進），②地域で子どもを育てる教育環境の整備の2つが新たな内容として加えられ，少子化社会の根幹にかかわる問題がよりいっそう明確になったといえる。

厚生労働省では，「ファミリー・フレンドリー企業」を「仕事と育児・介護とが両立できるさまざまな制度をもち，多様でかつ柔軟な働き方を労働者が選択できるような取組を行う企業」と定義した[16]。また，「ファミリー・フレンドリー企業」として，次の4つのメルクマールをあげている[17]。

① 育児・介護休業制度が育児・介護休業法を上回る水準のものであり，かつ実際に利用されていること
② 仕事と家庭のバランスを配慮した柔軟な働き方（フレックスタイム制・短時間勤務制度・在宅勤務制度など）ができる制度があり，かつ実際に利用されていること
③ 仕事と家庭の両立を可能とするその他の制度（事業所内託児施設など）を規定しており，かつ実際に利用されていること
④ 仕事と家庭の両立がしやすい企業文化があること

労働省（2001年から厚生労働省）は，1999年度より「ファミリー・フレンドリー企業表彰」を実施し，職場におけるファミリー・フレンドリー概念の浸透をめざしたのである[18]。

「新エンゼルプラン」において提起されたファミリー・フレンドリー概念は，「少子化社会を考える懇談会」（2002年）においてやや進展がみられた。それは，「ファミリー・フレンドリー企業には優秀な人材が集まる」という側面が指摘され，男性の育児休業取得促進など男性が育児に参画できる環境の整備に力を入れていくことが主張されたからである[19]。「少子化社会を考える懇談

会」に引き続いて提出された「少子化対策プラスワン」(2002年) では, 育児休業取得率を男性10％, 女性80％にするという具体的目標数値が盛り込まれた[20]。また, そこでは,「家庭よりも仕事を優先する」というこれまでの働き方を見直し, 男性を含めたすべての人々が, 仕事時間と生活時間のバランスがとれる多様な働き方を選択できるようにすることを少子化対策の重要な視点としてあげられている[21]。ここから,「仕事」と「生活」のバランスに目が向けられるようになり, ワーク・ライフ・バランスという言葉や施策へとつながっていく基礎が築かれていったことが読み取れる。また, ワーク・ライフ・バランス概念は, ファミリー・フレンドリー概念をもとに形成された概念であることを, ここから確認することができるであろう。つまり, ワーク・ライフ・バランス概念は, ファミリー・フレンドリー概念をさらに拡充・発展させていくために登場した概念なのである。

さらに, 1999年に成立した男女共同参画社会基本法 (平成11年法律第78号) の第6条では,「家庭生活における活動と他の活動の両立」を基本理念の1つとして,「男女共同参画社会の形成は, 家族を構成する男女が, 相互の協力と社会の支援の下に, 子の養育, 家族の介護その他の家庭生活における活動について家族の一員としての役割を円滑に果たし, かつ, 当該活動以外の活動を行うことができるようにすることを旨として, 行われなければならない」と規定している[22]。ここでいう「当該活動以外の活動」は,「仕事・学習・地域活動・ボランティア活動等」が考えられており[23], 家庭生活との調和を前提としてさまざまな活動があげられている。このように幅広く捉える視点は, 次のワーク・ライフ・バランス施策の確立期に通じるものであり[24], ワーク・ライフ・バランス施策を構築していくうえで, 重要な役割を果たしていることがうかがえる。

創成期として位置づけたこの時期のワーク・ライフ・バランス施策は, 少子化対策を中心として展開されてきたが, その特徴は, 次の2つにまとめることができる。すなわち, ①これまで「生活」の中心であった「子育て」に,「介護」が新たに加えられたということと, ②これまで「働く女性」に限定されて

いた少子化対策の対象が,「男性を含むすべての働く人々」に拡大されたということである。ただし,この段階では,施策の対象を「すべての働く人々」と捉えてはいるものの,その内容を眺めてみると,子どもを育てながら働いている人々が対象の中心に据えられている。したがって,創成期のワーク・ライフ・バランス施策の対象は,「働く女性」と「すべての働く人々」の2つの層が混在しており,この時期は,「働く女性」から「すべての働く人々」へと対象が移行していく段階として捉えることができる。施策の対象が子育てを担わない人々にまで拡大しその内容をよりいっそう充実させていくのは,次のワーク・ライフ・バランス施策の確立期においてである(表3-1)。

(3) ワーク・ライフ・バランス施策の確立期(2003年〜)—少子化対策から次世代育成支援策へ

それでは,なぜ,「女性」に限定されていた少子化施策の対象が,「男性を含むすべての人々」に拡張されていったのであろうか。その背景には,働く女性を中心として「仕事と子育ての両立」を支援するという1990年代の少子化対策はあまり効果をあげていないという状況が浮かび上がってきたからである。例えば,「労働力調査特別調査」(総務省統計局)で得られた数値をもとに,1990年代の3歳以下の子どもをもつ女性の労働力率を算出してみると,1990年に28.2%であった労働力率は1992年には29.6%へと上昇するが,1996年には26.1%まで減少しその後上昇に転じたが,再び減少して1999年には28.7%という結果となった[25]。微増減を繰り返しながらも,結局,1990年代において,3歳以下の子どもをもつ女性の労働力率は,3割に達することはなかった。出生率と母親の就業率の上昇をターゲットとした1990年代の少子化対策は,十分な効果があげられてないと捉えられている[26]。

これまでの少子化対策が効果をあげていない主な理由の1つとして,その対策が「働く女性」の就業支援を中心としていたことが考えられている[27]。「仕事と子育ての両立」は,子どもをもつ男性,そしてこれから子どもをもとうとする人々にとっても重要な施策であるにもかかわらず,従来の少子化対策のな

かでは，その重要性があまり意識されてこなかった[28]。このため，2003年の「次世代育成支援に関する当面の取組方針」以降の次世代育成支援策においては，1990年代の少子化対策の限界を乗り越えるために，「男性を含むすべての人々」の「働き方の見直し」が強調されるようになった[29]。「少子化社会対策大綱」(2004) やその具体的な実施計画である「子ども・子育て応援プラン」(2004) などでは，「働き方の見直し」が重要課題の１つとして位置づいている[30]。2006年の「新しい少子化対策」に続き，2007年12月18日，ワーク・ライフ・バランス推進官民トップ会議において，「仕事と生活の調和（ワーク・ライフ・バランス）憲章」及び「仕事と生活の調和推進のための行動指針」が策定され[31]，官民が一体となって従来の働き方を見直していくことが確認された。2007年には，ワーク・ライフ・バランスが前面に押し出された「子どもと家族を応援する日本」重点戦略が公表されている[32]。また，翌年2008年は，「仕事と生活の調和元年」と呼ばれ[33]，ワーク・ライフ・バランス推進は，国の中心的課題の１つに掲げられるようになった。

　ワーク・ライフ・バランス施策の対象範囲が「男性を含むすべての働く人々」に拡大されたのは，「仕事と子育ての両立」にかかわる制度を利用する女性が，なかなかその制度を利用しにくいという問題も存在していたからである[34]。つまり，「仕事と子育て両立」支援を充実することによって，子どもを育てながら働いている人々は働きやすくなるとしても，周囲がそのしわ寄せを受けることになりかねないのである[35]。「お互いさま」という関係もなく，一方的に同僚に負担をかけるような状況下では，制度があってもなかなか利用できない。たしかに，少子化対策としては，子どもを育てながら働いている人々に対する支援策を充実させていくことが重要課題であるが，他方で，働く人々のなかには子育てを担わない人々もいる[36]。そして，当然のことながら，子育てを担わない人々にも仕事以外の「生活」の場は存在する。これらは，男女共同参画社会基本法の第６条において示された「当該活動以外の活動」の場に含まれるものであり，「学習活動・地域活動・ボランティア活動」などといった多様な場面も含んで捉える幅広い視点につながるものである[37]。子どものいな

い人々の「生活」も同様に重視することによって,子育てを担う人々の「仕事と子育ての両立」にかかわる制度利用が促進されるのではないかと考えられたのである。そのような背景から,「すべての働く人々」を対象としたワーク・ライフ・バランス概念が注目されるようになり,次世代育成支援策の中心施策・概念として位置づけられるようになっていき,ワーク・ライフ・バランス施策の確立期を迎えることになる。

　企業においては,2003年に成立した次世代育成支援対策推進法（平成15年法律第120号）を契機として,ワーク・ライフ・バランスへの取組が急速に進みはじめている[38]。この法律は,次代の社会を担う子どもが健やかに生まれ,育成される環境を整えていくことをめざしてつくられたものである[39]。次世代育成支援対策推進法では,事業主が子どもの育成のための環境整備の担い手として定められており,2005年から一般事業主行動計画の策定・実施を通して,仕事と子育ての両立を図るために必要な雇用環境の整備の充実が求められている[40]。2007年4月より,次世代育成支援対策推進法に基づく認定制度が開始された。これは,一般事業主行動計画で掲げた目標の達成度や育児休業取得率などの観点から8つの基準が設けられ,その基準をすべて満たした企業は,都道府県労働局長に申請することで認定が受けられるという制度である。認定を受けると,認定マーク（愛称「くるみん」）を商品などに表示することができる[41]（第4章2節で詳述）。次世代支援対策への取組や子育て支援の充実度などの観点から,企業や商品を選択する消費者も徐々に増加している[42]。また,次世代育成支援対策推進法が成立した2003年には,少子化社会対策基本法（平成15年法律第133号）が制定されている[43]。少子化対策は,その後も続いていく（少子化対策の取組は巻末資料を参照）。

　なお,2014年4月16日,2005年に施行（一部2003年）された次世代育成支援対策推進法は,次世代育成支援対策のさらなる推進・強化のため,法律の有効期限が2025年3月末まで10年間延長されることになった[44]。また,2015年には,女性活躍推進法（正式名称：女性の職業生活における活躍の推進に関する法律,平成27年法律第64号）が成立している[45]。女性活躍推進法と次世代育成支

対策推進法は，①時限立法であること，②一般事業主行動計画を策定すること，③認定制度があることなどがよく似ている。2つの法律は密接に関連しており，常に関連づけてみなければならないということを示しているのであろう。

　この時期のワーク・ライフ・バランス施策は，1990年代の少子化対策の限界をふまえて登場した次世代育成支援策へと移行するなかで，「働く女性」に限定されていた対象を「すべての働く人々」に拡大していく。ワーク・ライフ・バランス創成期においても，「すべての働く人々」は視野に収められていたが，ここでは，これまで「子育て」を中心として捉えられていた「生活」のなかに，「学習活動・地域活動・ボランティア活動」なども加えることによって，「すべての働く人々」を対象としたワーク・ライフ・バランス施策の確立がめざされたのである。ここから，ワーク・ライフ・バランスにかかわる取組は，女性のためのものではなく，福利厚生制度の一環でもないという考え方が定着していくことになる。なお，ワーク・ライフ・バランス施策の確立期においては，少子化対策から次世代育成支援策へと移行するが，これは，決して少子化対策が縮小されるのではなく，少子化対策をさらに充実させるために次世代育成支援策に移行したということを意味している。

　2024年3月12日の第213回国会に提出された資料によると，2025年3月末までを有効期限とする次世代育成支援対策推進法は，2035年3月末まで再び10年間延長することが提起されている[46]。また，第5章で後述するが，次世代育成支援対策推進法の改正によって，従業員が100人を超える企業を対象に，男性の育児休業に関する数値目標の設定を義務づける方向に進みつつある[47]。法改正の動向から目を離すことができない。

3　ワーク・ライフ・バランス概念の意義

(1) 仕事と生活の関係の捉え直し

　ワーク・ライフ・バランス施策のこれまでをたどってみると，まず，男女平等施策と並んで「車の両輪」として捉えられた「仕事と家庭の両立支援施策」に端を発し，その後，少子化対策と結びついて仕事と「子育ての両立支援施

策」へと細分化されていった。そして,「働く女性」に限定されていた対象を「男性を含むすべての働く人々」に拡大することによって,ワーク・ライフ・バランス施策の基礎的な土台が構築されていったことがわかる。ここでは,それらをふまえて,施策上においてワーク・ライフ・バランス概念はどのような意義をもっているのかについて確認する。

　厚生労働省によると,ワーク・ライフ・バランスの概念は,「働く人が仕事上の責任を果たそうとすると,仕事以外の生活でやりたいことや,やらなければならないことに取り組めなくなるのではなく,両者を実現できる状態のこと」と定義されている[48]。また,内閣府によると,「ワーク・ライフ・バランス（work-life balance）とは,勤労者が仕事と生活のどちらか一方のみではなく,ともに充実感をもてるように双方の調和を図ること」と捉えられている[49]。つまり,ワーク・ライフ・バランス概念は,仕事と仕事以外の生活のどちらか一方を犠牲にするのではなく,充実感をもって両者を実現できる状態であることが基本となっていることがわかる。つまり,"全体を100として,仕事に50：生活に50"というものではなく,"仕事も100：生活も100とそのどちらも両立させよう"とする考え方なのである[50]。しかし,バランスという言葉は逆に誤解を生んでしまう場合も多く,あえて,「ワーク・ライフ・ブレンド」とか「ワーク・ライフ・ハーモニー」,あるいは「ワーク・ライフ・シナジー」などといった言葉が用いられることもある[51]。

　ワーク・ライフ・バランスと対置する用語として,ワーク・ライフ・コンフリクト（work-life conflict：仕事と生活の衝突）という言葉がしばしば用いられる。これは,「仕事上の責任を果たそうとすると,仕事以外で取り組みたいことや取り組む必要があることに取り組めなくなる状態」,あるいは「仕事以外に取り組みたいことや取り組む必要があることに取り組むと,仕事上の責任を果たすことができなくなる状態」[52]を表した言葉である。例えば,カナダでは,1990年代に,ワーク・ライフ・コンフリクトが急増していることが問題となったことがある。そこでは,ワーク・ライフ・コンフリクトは,①多すぎる役割を負うこと（role overload）,②家庭に仕事をもち込むこと（work to family interference),③仕事に家庭をもち込むこと(family to work interference),の3側面から捉えていくことの必要性が示されている[53]。これは,ワーク・ファミリー・コンフリクト(仕事と家庭の衝突)の概念に近いものであるが,3つの側面から捉えていくこのような考え方は,今後,ワーク・ライフ・バランス概念を追求していくうえで,示唆に富んでいると考えられる。なぜなら,働く人々が,ワーク・ライフ・コンフリクトに直面しないように予防し,直面した場合にはそれを解消しサポートしていくことが,ワーク・ライフ・バランス支援の基本となっているからである[54]。

ここで重要なことは,仕事と生活は決して相反するものではないということである。仕事を充実させることによって生活も充実させる,また生活を充実させることによって仕事も充実させるという相乗効果が生み出されるということに意味を見いだそうとしているのである。ワーク・ライフ・バランス概念には,仕事と生活の関係を捉え直していこうとする視点が含まれているのである。また,ワーク・ライフ・バランスを考えていく過程において,ワーク・ライフ・コンフリクトを取り除いていくということがいかに重要か,そのことは常に意識しておかなければならないのであろう。

(2) 多様性の追求

ワーク・ライフ・バランス概念は,次の2つの「多様性」を追求しようとしている。第1は,生活の「多様性」である。男女共同参画会議は[55],ワーク・ライフ・バランスについて,「老若男女誰もが,仕事,家庭生活,地域生活,個人の自己啓発など,様々な活動について,自ら希望するバランスで展開できる状態である」[56]と説明している。この定義は,先述した男女共同参画社会基本法の第6条と関連するものであるが,仕事と並んで生活の「多様性」を具体的に述べているという点では,上述した厚生労働省と内閣府による2つのワーク・ライフ・バランスの定義と異なる。多様な活動に関しては,①仕事,②家事・子育て・介護・家族との団らんなどの家庭生活,③PTA・町内会などの地域活動,④NPO・ボランティア活動などの社会貢献活動,⑤自己啓発・生

涯学習・趣味・友人や知人との交流，⑥健康づくり・休養，があげられている[57]。さらに，先に述べた「仕事と生活の調和推進のための行動指針」では，上記の6つの具体的内容を，①仕事・働き方，②家庭生活，③地域・社会活動，④学習や趣味・娯楽等，⑤健康・休養，の5つの分野に整理している[58]。

ここで重要なことは，生活の「多様性」を具体的に示しているが，決してそれらは押しつけられるものではないということである。人生の段階に応じて，さまざまな活動のバランスは自らが決めることが基本となっている。なぜなら，人々のライフ・スタイルは多様化しており，それぞれの活動のバランスは一律的に決められるものではないからである。ワーク・ライフ・バランス概念は，「多様性」に注目した概念であり，仕事と生活の関係をどのように捉えていくのかという視点から，生活の「多様性」を追求しようとしているのである。ワーク・ライフ・バランス概念にかかわる議論のなかでは，働き方の「多様性」について言及されることは多いが[59]，生活の「多様性」について議論されることは比較的少ないと思われる。働き方の「多様性」と同様に，生活の「多様性」についても十分議論をしたうえで，仕事と生活の関係について考えていくことが求められているのであろう。

ワーク・ライフ・バランス概念が追求しようとしている第2の「多様性」は，人の「多様性」である。ワーク・ライフ・バランス概念の類似概念として，「ダイバーシティ」という概念がしばしば登場する。欧米では，"Diversity and Inclusion"，すなわち「多様性と受容」と表現されるが，日本ではこれを「ダイバーシティ」と呼ぶことが多い[60]。日本において，ダイバーシティの議論が開始されたのは，「日経連ダイバーシティ・ワークルール研究会」が設立された2000年であるといわれている[61]。その研究会では，ダイバーシティは，「『従業員の多様性』のこと。性別，人種，国籍，宗教など，異なる背景や価値観を持つ人々がともに働くことで，生産性を向上し，創造性を高めていこうという考え方」[62]と定義されている。欧米では，人種・宗教・言語など，性別以外の要素でもさまざまなマイノリティが存在するため，早くからその「多様性」を，社会として企業としてどのように受け止めるかが議論されてきた[63]。

日本の場合，欧米に比べて国籍や人種などの「多様性」は限られており，企業社会の最大のマイノリティは女性という状況が長く続いてきた[64]。日本企業において，「多様性」を推進するためのセクションが設けられることが増えているが[65]，このことは，女性のみならず，外国人・高齢者・しょうがい者など，より多様な人々が求められる時代を視野に収めていることを示している。ワーク・ライフ・バランス概念は，多様な人々が求められているという視点から，「多様性」を追求しようとしているのである。

　なお，近年，「ダイバーシティ＆インクルージョン（D&I）」に「エクイティ（Equity）」（公平性）を加えて，「ダイバーシティ・エクイティ＆インクルージョン（DE＆IやDEI）」と表記する企業が増えてきている[66]。従来，企業が取り組んできたD&Iを実現するためには，不利な状況におかれた一人ひとりに対して，阻害要因を取り除き活躍できるように支援していくエクイティの取組は欠かせないのである[67]。

　かつて，脇坂明は，ダイバーシティ概念とワーク・ライフ・バランス概念とファミリー・フレンドリー概念の整理を行ったことがある[68]。そこでは，もっとも広い概念であると捉えられているのはダイバーシティ概念であり，そのなかにワーク・ライフ・バランス概念が含まれ，さらにそのなかにファミリー・フレンドリー概念が含まれているという関係を明らかにしている。ダイバーシティ概念は1つの理念を表わしており，その理念を追求するために必要な要素が，ワーク・ライフ・バランス概念であり，さらに，ワーク・ライフ・バランス概念を追求するうえで重要な役割を果たしていくのが，ファミリー・フレンドリー概念であると捉えることもできよう。

4　ワーク・ライフ・バランス施策の今後の役割

(1) アメリカにおけるワーク・ライフ・バランスの取組

　そもそもこのワーク・ライフ・バランスという用語や施策は，どこで誕生したものなのであろうか。そして，日本は，そこからどのような影響を受けて，ワーク・ライフ・バランス施策を形成していったのであろうか。

ワーク・ライフ・バランスという言葉は，アメリカが発祥の地で，多くの人々が働きすぎている状況のなかで，もっとバランスのとれた働き方がしたいという人々のニーズが高まるようになり，その過程で生まれた言葉であるといわれている[69]。アメリカにおけるワーク・ライフ・バランスの取組は，政府の福祉政策ないし労働政策としてではなく，民間における自発的な企業努力として進められてきた[70]。なぜなら，アメリカは，基本的には，個人の生活や私的な領域への政府の介入を好まない社会であり，ワーク・ライフ・バランス問題も，仕事と生活のバランスを図りたいという人々と，彼らを雇用して営利活動を行う民間企業の私的領域における問題として捉えられていたのである[71]。また，アメリカは，先進工業国のなかでも高い合計特殊出生率を維持しており[72]，日本のように少子化対策という社会問題との関連でワーク・ライフ・バランスが論じられることはなかった[73]。そのような社会情勢も，ワーク・ライフ・バランスが民間主導で取り組まれてきた背景の１つであると捉えられている[74]。それでは，なぜ，政府介入も少子化問題もないアメリカで，民間企業が自発的にワーク・ライフ・バランス問題に取り組んできたのであろうか。

　アメリカ企業が今日のワーク・ライフ・バランスにつながる取組をはじめたのは1980年代後半である[75]。1980年代以降のアメリカは，ITをはじめとする技術革新による産業構造の変化により，高度なスキルをもった優秀な女性への需要が高まりをみせていた[76]。そのために女性の採用・活用や子どもの保育など，主に「働く女性」を対象とした保育サポートなどを中心として，「ワーク・ファミリー・バランス」施策に取り組む企業が増加していった[77]。そして，1990年代に入ると，それまでのワーク・ファミリー・バランス施策では，独身や子どものいない女性あるいは男性の仕事と生活の調和に関するニーズに対応できないということから，その対象が広げられ，「すべての働く人々」の私生活に配慮した制度やプログラムへの取組が行われるようになっていく[78]。「働く女性」と仕事の両立に配慮したワーク・ファミリー・バランスという言葉は，「すべての働く人々」の私生活と仕事との共存に配慮したワーク・ライフ・バランスという言葉に変わっていく[79]。そこでは，介護への援助，私的な

悩みに対処する企業内カウンセリング,心と身体の健康を促進させるフィットネスセンター,大学や生涯教育(生涯学習)への授業料を負担する授業料援助など,従来の保育サポートの枠を超えたさまざまな制度が企業で用意されていった[80]。

　こうして,1990年代中頃までにワーク・ライフ・バランスの施策メニューは充実していったものの,その一方で,実際の利用は必ずしも進んでいないことが明らかになってきた[81]。その原因は,ワーク・ライフ・バランス施策は,仕事と私生活の両立に困難を抱えている人々に対する「福祉的」な取組と捉えられていたことにあったといわれている[82]。そのため,多くの社員は,ワーク・ライフ・バランス・プログラムを利用すると会社への忠誠心が低いとみられ,自分のキャリアにマイナスに働くのではないかと懸念してその利用を避けた[83]。その流れが変わるのは,1996年である。フォード財団が,「どのように仕事のやり方を変えれば期待する効果が出せ,同時に私生活を充実させることができるのか」という研究を行ったことを契機として,ワーク・ライフ・バランス概念が再び注目されるようになった[84]。それ以降のワーク・ライフ・バランス概念は,これまでの両立支援といった福祉的施策の枠組を超えて,生活と仕事の両面からその質を向上させることに貢献する概念として捉えられるようになっていく[85]。

　こうして概観してみると,日本のワーク・ライフ・バランス施策は,政府介入も少子化問題もなく民間主導で推進されたアメリカのワーク・ライフ・バランスの取組とは大きく異なる点がある。だが,「働く女性」に限定されていた対象を「男性を含むすべての働く人々」に拡大し,子育てを担う女性への両立支援という福利厚生制度(福祉的施策)から,「すべての働く人々」を対象として仕事と生活の充実を支援する施策へと転換していった点は,類似している。また,アメリカの民間企業におけるワーク・ファミリー・バランス概念からワーク・ライフ・バランス概念への移行は,日本政府のファミリー・フレンドリー概念からワーク・ライフ・バランス概念への移行に影響を与えたのではないかと推察することもできる。

ただ，ここで注意しなければならないのは，ファミリー・フレンドリー概念がワーク・ライフ・バランス概念の枠のなかでさらに充実されなければ，少子化問題を乗り越えることはできないということである。また，ワーク・ライフ・バランス概念の登場によって，「働く女性」から「すべての働く人々」に支援の対象が拡大されたが，そのことによって「働く女性」への支援が曖昧なものとなっていけば，少子化問題は解決の糸口を即座に失うことになるのであろう。ワーク・ライフ・バランス施策は，このことを常に意識しなければならないのである。

(2) 企業・行政・地域の連携

　ワーク・ライフ・バランスへの取り組み方は，英米型と欧州大陸型の2つに分類して述べられることがある[86]。アメリカやイギリスでは，ワーク・ライフ・バランスに関する国・地方自治体の取組はあまり積極的ではなく，これを補完する形で，企業経営上メリットがあると考える企業が，積極的に託児所の設置やさまざまな休業制度，経済的支援などを実施しているという。これに対して，ヨーロッパ大陸諸国では，公共政策として国・地方自治体が中心となってワーク・ライフ・バランス支援のためのサービスに取り組んでおり，とくに，保育や介護の基盤整備は，国の責任として広く定着しているという。そのような状況のなかで，欧州大陸型の企業は企業責任として，法律で定める最低基準の上積み措置としてワーク・ライフ・バランスにかかわるプログラムを提供している。前者は，いわゆる企業主導型で，そこでは「生産性の向上」が前面に押し出される可能性が高いことが考えられるだろう。後者は行政主導型で，そこでは「生産性の向上」というより，働きやすさを働く権利として捉えられていることが多いのではないだろうか。

　日本政府によるワーク・ライフ・バランスの取組は，ファミリー・フレンドリー概念を中心としたワーク・ライフ・バランス施策の創成期（1995～2002年）までは，欧州大陸型に位置づいていたと考えられる。しかし，ファミリー・フレンドリー概念が拡大されてワーク・ライフ・バランス概念が鍵概念

となるワーク・ライフ・バランス施策の確立期（2003年～）においては，英米型の考え方がかなり反映されてきているのではないかと思われる。「仕事と生活の調和（ワーク・ライフ・バランス）憲章」において，「仕事と生活の調和の実現に向けた取組を契機とした業務の見直し等により，生産性向上につなげることも可能である」と中小企業に向けて述べられているが[87]，このように「生産性の向上」の観点を加えた点は，英米型の考え方に影響を受けているのではないかと考えられる。

　日本社会における今後のワーク・ライフ・バランスの取組は，国がすべきか企業がすべきかという点で，次のように考え方は大きく3つに分かれている[88]。

　1つ目は，「国・自治体にはあまり期待できず，企業は独自に施策を導入すべき」という考え方である。そこでは，ワーク・ライフ・バランスへの取組が優秀な人材の確保や定着や「生産性の向上」などにつながっていくと捉えている企業は，行政が関与しなくても独自に進めていくだろうと捉えられている。2つ目は，「行政主導でワーク・ライフ・バランス概念を定着させる必要がある」という考え方である。つまり，行政が何もしなければ，大企業だけがワーク・ライフ・バランス支援を充実させることになりかねない。そこで，企業に法的義務を課してワーク・ライフ・バランス概念を社会に浸透させていこうとするのである。3つ目は，「企業と行政，さらに地域コミュニティとの連携によって，ワーク・ライフ・バランスに取り組むべき」という考え方である。企業か行政かという2分法を脱却し，さまざまな主体が連携することで調和を図っていく。そこでは，企業の論理だけでもなく，また行政任せの姿勢でもなく，行政・企業・地域が連携しワーク・ライフ・バランスに取り組むことが求められている。

　ワーク・ライフ・バランス社会の実現に向けて真に求められるのは，3つ目の「企業・行政・地域の連携によって取り組む」という考え方であろう。企業主導の場合，「生産性の向上」のみが強調される可能性があるし，行政主導の場合，企業の論理からかけ離れてしまい，企業の理解がなかなか得られないと

いう状況が生まれる可能性がある。また，ワーク・ライフ・バランスの取組において，地域の視点は重要である。なぜなら，ワーク・ライフ・バランス概念における生活は，「学習活動・地域活動・ボランティア活動」なども含まれており，それらの活動を充実させていくためには地域の視点が欠かせないからである。

　今後のワーク・ライフ・バランス支援にかかわる行政には，「生産性の向上」のみが強調されないように，また生活の「多様性」と人の「多様性」が軽視されないように企業をサポートしていくことと，企業と地域を結びつけていくという役割が期待されているのであろう。そして何より，ワーク・ライフ・バランス支援にかかわる行政には，自らの取組が「生産性の向上」に傾いていないかどうか常に検証していくことと，ワーク・ライフ・バランス概念の意義を正確に社会に伝え実践に結びつけていくことが，次のステージとなるワーク・ライフ・バランス施策の成熟期において求められているのである。

5　企業におけるワーク・ライフ・バランスの取組を捉えていく視点

　国のワーク・ライフ・バランス施策を中心としたこれまでの考察をふまえて，企業におけるワーク・ライフ・バランスの取組を検討していくための視点を整理してみると，次の5つにまとめることができる。

　第1は，次世代育成支援対策推進法による影響についてである。企業はこの法において，一般事業主行動計画の提出が求められるようになり，また，法に基づいた認定制度において「くるみん認定」が受けられるようなったが，それは，企業にとってどのような意味をもっているのか，またそれによって，仕事と生活の関係はどのように変わってきたのかを検討していくことが求められている。また，次世代育成支援対策推進法が施行される前の，独自で展開してきたワーク・ライフ・バランスの取組にも注目していくことは，企業のワーク・ライフ・バランスに関する取組の全体を捉えていくうえで重要な作業となるであろう。

　第2は，企業がワーク・ライフ・バランス概念における生活と人の「多様

性」をどのように捉えているのかという視点である。生活の「多様性」には，「学習活動・地域活動・ボランティア活動」などが含まれる。人の「多様性」には，女性のみならず，外国人・高齢者・しょうがい者などが含まれている。この生活と人の「多様性」をどのように捉えていこうとしているのかを追求していくことが求められている。

第3は，企業・行政・地域の連携についてである。働く人々の生活の「多様性」を捉えていくためには，企業は，行政や地域との連携を強化していくことが重要課題となる。企業は行政と地域に対して，どのような関係を構築しようとしているのかを捉えていくことが求められている。

第4は，「生産性の向上」についての捉え方である。ワーク・ライフ・バランスにかかわる取組が，「生産性の向上」に傾いていないか，あるいは強調されていないかをみていくことが求められる。また，「生産性の向上」と生活の「多様性」は融合するのか，それとも対立するものなのか，その関係を探っていくことも重要な作業となるのであろう。

第5は，ファミリー・フレンドリー概念とワーク・ライフ・バランス概念の関係についてである。ワーク・ライフ・バランス概念の導入によって，ファミリー・フレンドリー概念が充実したのか，それとも縮小されていったのかをみていく必要がある。縮小されているのであれば，それは少子化対策の失敗を意味することになる。育児休業取得を中心としたファミリー・フレンドリーに関する取組の充実度をみていくことが求められている。

以上，5つの視点を見据えて，企業のワーク・ライフ・バランスにかかわる取組を検討することによって，ワーク・ライフ・バランスに関する研究を充実させていく必要がある。なお，上述した5つの視点は，これからの章に密接にかかわっている。次章である第4章は第1から第4の視点を意識したものであり，第5章は第5の視点に関連したものである。

■ 注 ■

1）高畠淳子「ワーク・ライフ・バランス施策の意義と実効性の確保」『季刊労働法』22号，2008，p.15.

2) 労働省『勤労婦人福祉法案関係資料』（1972年第68回通常国会）による。
3) 菊地好司「勤労婦人の福祉の増進と地位の向上をめざして―勤労婦人福祉法―」『時の法令』No.805, 1972, p.16.
4) 上田純子「働く女性と法」上田純子・小川由美子・森川麗子『女と法とジェンダー』成文堂, 1996, pp.38-39；高畠淳子，前掲，pp.15-16.
5) 労働省婦人局婦人政策課「男女雇用機会均等法の概要」『労働法令通信』Vol.38, No.15, p.2.
6) 高畠淳子，前掲，p.17.
7) 武石恵美子「育児休業政策の意義と課題」笠さやか・田中重人編『雇用・社会保障とジェンダー』東北大学出版会, 2007, p.50；高畠淳子，前掲，p.17.
8) 武石恵美子，前掲，p.51.
9) 小出まみ『地域から生まれる支えあいの子育て』ひとなる書房, 1999, p.4.
10) 増田雅暢『これでいいのか少子化対策―政策過程からみる今後の課題―』ミネルヴァ書房, 2008, p.4.
11) 立柳聡「子どもの育ちをめぐる社会問題・生活課題と関心の広がり―子育ち・子育て支援と研究の動向―」小木美代子・立柳聡他編『子育ち学へのアプローチ―社会教育・福祉・文化実践が織りなすプリズム―』エイデル研究所, 2000, p.23.
12) こども未来財団編『実務必携児童育成計画―地方版エンゼルプラン策定の手引き―』ぎょうせい, 1995, pp.6-7.
13) 武石恵美子，前掲，p.51.
14) 奥山明良「法政策としての職業生活と家庭生活の両立支援問題―両立支援法制の変遷と今後の政策課題―」『成城法学』73号, 2005, p.153. なお，育児・介護休業法の現在の正式名称は，「育児休業，介護休業等育児又は家族介護を行う労働者の福祉に関する法律」である。
15) 厚生省「重点的に推進すべき少子化対策の具体的実施計画について」（新エンゼルプラン）1999, https://www.mhlw.go.jp/www2/topics/topics/syousika/angel03.htm (2024/04/11).
16) 厚生労働省編『厚生労働白書（平成13年版）』ぎょうせい, 2001, p.245.
17) 佐藤博樹「日本における『ファミリーフレンドリー施策』の現状と課題」『季刊家計経済研究』No.50, 2001, p.17.
18) 同上，p.11. なお，1999年より実施された「ファミリー・フレンドリー企業表彰」は2007年以降，「均等・両立推進企業（ファミリー・フレンドリー企業部門）」として継続されてきたが，その表彰事業は2018年に終了している。
19) 少子化社会を考える懇談会（厚生労働省）『子どもを育てたい，育てて良かったと思える社会をつくる―いのちを愛おしむ社会へ―（中間とりまとめ）』2002, p.5.
20) 厚生労働省『少子化対策プラスワン―少子化対策の一層の充実に関する提案―』2002, p.4.
21) 同上，p.3.
22) 内閣府男女共同参画局編『逐条解説男女共同参画社会基本法』ぎょうせい, 2004, p.106.
23) 同上，p.108.
24) 高畠淳子，前掲，p.17.
25) 3歳以下の子をもつ女性の労働力率は，「夫婦と子どもから成る世帯」と「夫婦・子どもと親から成る世帯」に占める働く妻の割合である。算出方法に関しては，武石恵美子（「企業が取り組む次世代育成支援―ワーク・ライフ・バランスの取り組みを提案する―」『ニッセイ基礎研REPORT』2005年1月号, p.2）を参考にしている。ちなみに，本文で提示しなかった年の労働力率は，1991年（29.5％），1993年（28.0％），1994年（29.0％），1995年（27.8％），1997年（28.2％），1998年（29.5％）となっている。
26) 武石恵美子「企業が取り組む次世代育成支援―ワーク・ライフ・バランスの取り組みを提案する―」前掲，p.2. なお，少子化に対応する政策の実際と評価に関しては，山縣文治「少子化対策としての保育サービスの課題」『季刊家計経済研究』2000年春号, pp.19-21）が参考になる。
27) 武石恵美子「少子化問題におけるワーク・ライフ・バランスの視点」労働政策研究・研修機構『少子化問題の現状と政策課題―ワーク・ライフ・バランスの普及拡大に向けて―』（JILPT資料シリーズ）No.8, 2005, p.2.

28）同上，p.2.
29）同上．
30）少子化社会対策会議『少子化社会対策大綱』2004，pp.5-6，pp.10-12，https://www.mhlw.go.jp/houdou/2004/09/dl/h0903-4.pdf（2024/04/16）；少子化社会対策会議『子ども・子育て応援プラン』2004，https://www.mhlw.go.jp/houdou/2004/12/h1224-4.html（2024/04/20）．
31）内閣府編『少子化社会白書（平成20年版）』佐伯印刷，2008，pp.221-232．
32）少子化社会対策会議『「子どもと家族を応援する日本」重点戦略』2007，https://www.mhlw.go.jp/shingi/2008/03/dl/s0314-7d_0002.pdf（2024/04/20）．
33）内閣府編『少子化社会白書（平成20年版）』前掲，p.78．
34）武石恵美子「少子化問題におけるワーク・ライフ・バランスの視点」前掲，p.3．
35）同上．
36）高畠淳子，前掲，pp.18-19．
37）同上．
38）小室淑恵『ワークライフバランス―考え方と導入法―』日本能率協会マネジメントセンター，2007，pp.30-36．
39）労務行政編『次世代育成支援対策推進法』労務行政，2004，p.56．
40）同上，p.51，pp.57-58，pp.70-73．
41）厚生労働省の報道発表資料によると，「くるみん」には，子どもが優しく「くるまれている」状況と「社会・会社ぐるみ」で両立支援に取り組む，という２つの意味が込められている（http://www.mhlw.go.jp/houdou/2007/02/h0216-3.html；2024/04/16）．
42）小室淑恵，前掲，p.35．
43）国立国会図書館「日本法令索引」（https://hourei.ndl.go.jp/#/；2024/04/28）より．
44）厚生労働省雇用均等・児童家庭局職業家庭両立課「改正 次世代育成支援対策推進法の概要」『労働法令通信』No.2351，2014，pp. 9-15．
45）『共同参画』2015年９月号，pp.2-3，https://www.gender.go.jp/public/kyodosankaku/2015/201509/pdf/201509.pdf（2024/04/16）．
46）厚生労働省「育児休業，介護休業等育児又は家族介護を行う労働者の福祉に関する法律及び次世代育成支援対策推進法の一部を改正する法律案の概要」（2024年３月12日提出）https://www.mhlw.go.jp/content/001222652.pdf（2024/05/18）．
47）「勤務をフレックス・テレワーク……育児・介護と両立へ 改正法案衆院通過」（『朝日新聞』2024年５月８日朝刊，p.6）．
48）厚生労働省によるワーク・ライフ・バランス概念は，厚生労働省（男性が育児参加できるワーク・ライフ・バランス推進協議会）編『男性も育児参加できるワーク・ライフ・バランス企業へ――これからの時代の企業経営―』（2006）において定義されている（http://www.mhlw.go.jp/bunya/koyoukintou/ryouritsu02/pdf/01a.pdf；2024/04/16）．
49）内閣府編『少子化社会白書（平成18年版）』ぎょうせい，2006，p.62．
50）大沢真知子『ワークライフシナジー―生活と仕事の〈相互作用〉が変える企業社会―』岩波書店，2008，p. 2．
51）同上，p.3，p.24．
52）佐藤博樹「総論 人事戦略としてのワーク・ライフ・バランス支援」佐藤博樹編集代表『ワーク・ライフ・バランス―仕事と子育ての両立支援―』ぎょうせい，2008，p.6．
53）Duxbury, L., & Higgins, C., Work-life balance in the new millennium: Where are we? Where do we need to go? (CPRN Discussion Paper No. W/12) 2001, pp. ⅵ - ⅶ．
54）佐藤博樹「総論 人事戦略としてのワーク・ライフ・バランス支援」前掲，p.6．
55）男女共同参画会議は，2001年１月の中央省庁等再編によって，重要政策に関する会議の１つとして，男女共同参画審議会を発展的に継承するものとして設置された組織である．内閣官房長官を議長とし，各省大臣等12名および学識経験者12名の総計25名で構成されている．
56）男女共同参画会議『「ワーク・ライフ・バランス」推進の基本的方向報告―多様性を尊重し仕事と生活が好循環を生む社会に向けて―』2007年７月，p.2，http://www.gender.go.jp/kaigi/danjo_

kaigi/siryo/pdf/ka27-9.pdf（2024/04/16）.
57）同上.
58）内閣府編『少子化社会白書（平成20年版）』前掲, p.227.
59）高畠淳子, 前掲, p.21.
60）小室淑恵, 前掲, p.18.
61）谷口真美「多様性の捉え方」『季刊家計経済研究』No.111, 2016, pp.12-16.
62）萩野勝彦「ダイバーシティ・マネジメント―多様な人材を活用する―」『労基旬報』2003年10月15日号.「ダイバーシティ経営」という言葉をよく耳にするようになったが, それについては, 佐藤博樹「ダイバーシティ経営と人材活用の課題―働き方と人事管理システムの改革が鍵―」(『季刊家計経済研究』No.111, 2016, pp.2-11）が参考になる. なお, 経済産業省では,「ダイバーシティ経営」を「多様な人材を活かし, その能力が最大限発揮できる機会を提供することで, イノベーションを生み出し, 価値創造につなげている経営」と定義している.「多様な人材」とは, 性別, 年齢, 人種や国籍, 障がいの有無, 性的指向, 宗教・信条, 価値観などの多様性だけでなく, キャリアや経験, 働き方などの多様性も含んでいる. 経済産業省では, 2012年度から,「ダイバーシティ経営企業100選」（経済産業大臣表彰）事業を実施している. 2015年度からは, 新たなフェーズとして, 重点テーマを設定した「新・ダイバーシティ経営企業100選」を開始した（経済産業省経済産業政策局編『経済産業省平成27年度新・ダイバーシティ経営企業100選・平成27年度なでしこ銘柄 ダイバーシティ経営戦略4―多様な人材の活躍が, 企業の成長力に繋がる―』経済産業調査会, 2016, p.1）. なお,「新・ダイバーシティ経営企業100選」は, 2020年度をもって終了している.
63）小室淑恵, 前掲, pp.18-19.
64）同上, p.19.
65）帝人グループの「ダイバーシティ推進室」, 日立ソリューションズ「ダイバーシティ推進センタ」などがある. なお, 帝人グループは, 2019年から「グローバルダイバーシティ＆インクルージョン推進室」として, 日本だけでなく海外も含めたD&Iの取組を進めている（TEIJIN グローバルダイバーシティ＆インクルージョン推進室「together 2023―なぜ帝人にD&Iが必要なのか？ 今, 改めて考える多様な人材活用の意義」p.3, https://www.teijin.co.jp/csr/topics/pdf/together2023.pdf; 2024/04/29）.
66）株式会社wiwiw『企業ではたらく20人の女性リーダー―自分らしい最高のキャリアのつくり方―』経団連出版, 2024, p.11.
67）同上, p.12.
68）脇坂明「ファミリー・フレンドリーな企業・職場とは―均等や企業業績との関係―」『季刊家計経済研究』No.71, 2006, p.17.
69）大沢真知子, 前掲, p.22.
70）内閣府政策統括官（共生社会政策担当）編『少子化社会対策に関する先進的取組事例研究報告書』2006, p.87, https://warp.da.ndl.go.jp/info/ndljp/pid/13024511/www8.cao.go.jp/shoushi/shoushika/research/cyousa17/sensin/pdf/hokoku40.pdf（2024/04/13）.
71）同上.
72）アメリカの合計特殊出生率は, 1989年以降ほぼ2を維持していた. しかし, 2010年に1.9となり, その後やや下降傾向が続き, 2021年には1.6まで減少している. データは, FRED (Federal Reserve Bank of St. Louis; https://fred.stlouisfed.org/) 内, Fertility Rate, Total for the United States による（2024/04/13）.
73）町田敦子・横田裕子「ワーク・ライフ・バランス先進国の現状―イギリス, アメリカ及びドイツを例に―」労働政策研究・研修機構編『少子化問題の現状と政策課題―ワーク・ライフ・バランスの普及拡大に向けて―』(JILPT 資料シリーズNo.8) 2005, p.60.
74）内閣府政策統括官（共生社会政策担当）編, 前掲, p.87.
75）黒澤昌子「アメリカにおけるワーク・ライフ・バランス」武石恵美子編『国際比較の視点から日本のワーク・ライフ・バランスを考える―働き方改革の実現と政策課題―』ミネルヴァ書房, 2012, p.188.

76) 大沢真知子，前掲，p.22.
77) 同上，pp.22-23.
78) 同上，p.23.
79) パク・ジョアン・スックチャ『会社人間が会社をつぶす―ワーク・ライフ・バランスの提案―』朝日新聞社，2007，p. 69.
80) 同上，pp. 68-69.
81) 内閣府政策統括官（共生社会政策担当）編，前掲，p.88.
82) 同上．
83) パク・ジョアン・スックチャ，前掲，pp.70-71.
84) 大沢真知子，前掲，p.23.
85) 同上．
86) 島田晴雄・渥美由喜『少子化克服への最終処方箋―政府・企業・地域・個人の連携による解決策―』ダイヤモンド社，2007，p.131.
87) 内閣府編『少子化社会白書（平成20年版）』前掲，p.222.
88) 島田晴雄・渥美由喜，前掲，pp.132-133.

第4章　ワーク・ライフ・バランスの取組に関する考察
　　　　　―大企業を中心として―

1　3つの側面からみる企業のワーク・ライフ・バランス

　ここでは，第3章の「国のワーク・ライフ・バランス施策の展開」をふまえつつ，企業におけるワーク・ライフ・バランスの取組を，次の3つの側面から読み取っていく。

　最初に，ワーク・ライフ・バランス施策の確立期に制定された次世代育成支援対策推進法によって，企業がどのような影響を受けてきたのかについて，法のこれまでの流れや状況を概述したうえで考察を加える。つぎに，学習院大学の経済経営研究所とワーク・ライフ・バランス塾が，企業のワーク・ライフ・バランスを評価するために共同開発した診断ツール "WLB-JUKU INDEX"（WJI）を取り上げ，そこで示されたワーク・ライフ・バランス支援制度から，その取組状況の一端を把握する。最後に，それらの作業を通して，ワーク・ライフ・バランスの取組が進まない，という状況を浮き彫りにしていく。

　それらの3つの側面をふまえて，企業におけるワーク・ライフ・バランスの取組に関する研究を，今後拡充させていくための道筋を明らかにしていく。なお，本章での考察の対象は大企業が中心となっている。しかし，ワーク・ライフ・バランスの取組は大企業だけの問題ではなく，中小企業[1]にとっても当然のことながら重要な問題である。本章では，大企業のワーク・ライフ・バランスの取組を対象としているが，中小企業の取組もかなり意識した考察となっている。

2　次世代育成支援対策推進法が企業に与えた影響

（1）次世代育成支援対策推進法のこれまでの流れ

　ワーク・ライフ・バランス施策の確立期に成立した次世代育成支援対策推進法を契機として，企業では，ワーク・ライフ・バランスの取組が急速に進みはじめている[2]。第3章ですでにふれた次世代育成支援対策推進法は，企業のワ

ーク・ライフ・バランスの取組をみていくうえで、きわめて重要な法律である。重複する部分もいくつかあるが、新たな情報を加えながら第4章においても述べていく。

次世代育成支援対策推進法は、次代の社会を担う子どもが健やかに生まれ、育成される環境を整えていくことをめざしてつくられたものである[3]。この法律では、事業主が子どもの育成のための環境整備の担い手として定められており、2005年4月から、常時雇用する従業員数が300人を超える事業主に対して、「働き方の見直し」「子育てと仕事の両立支援」などのための、具体的な取組方針を掲げた一般事業主行動計画の策定・届出が義務づけられた[4]。なお、2008年に法が改正され、これまで努力義務とされていた従業員数101人以上300人以下の企業についても、2011年4月から一般事業主行動計画の策定・届け出が義務づけられることとなった[5]。

2007年4月より、次世代育成支援対策推進法に基づく認定制度が開始された[6]。これは、一般事業主行動計画で掲げた目標の達成度や育児休業取得率などの観点から8つの基準が設けられ、その基準をすべて満たした企業は、申請を行うことにより都道府県労働局長の認定を受けることができるという制度である[7]。認定基準に関しては、以下の8つが示された[8]。

① 雇用環境の整備について、行動計画策定指針に照らし適切な行動計画を策定したこと
② 行動計画の計画期間が2年以上5年以下であること
③ 策定した行動計画を実施し、それに定めた目標を達成したこと
④ 計画期間内に、男性の育児休業等取得者がいること
⑤ 計画期間内に、女性の育児休業等取得率が70%以上であること
⑥ 3歳から小学校に入学するまでの子を持つ労働者を対象とする「育児休業の制度または勤務時間の短縮等の措置に準ずる措置」を講じていること
⑦ 計画期間終了までに、①所定外労働の削減のための措置、②年次有給休暇の取得の促進のための措置、③その他働き方の見直しに資する多様な労働条件の整備のための措置、のいずれかを実施していること
⑧ 法および法に基づく命令その他関係法令に違反する重大な事実がないこと

認定を受けた企業は、「子育てサポート企業」として、認定マーク（愛称「く

るみん」）を広告，商品，求人広告などに表示することができる[9]。次世代支援対策への取組や子育て支援の充実度などの観点から，企業や商品を選択する消費者も徐々に増加している[10]。

2005年に全面的に施行された次世代育成支援対策推進法は，2014年の法改正において，新たなステージに入っていくこととなった。もともと2015年3月末までとされていたこの法律の有効期限[11]が，次世代育成支援対策のさらなる推進・強化のため，2025年3月末までの10年間延長されることとなったのである[12]。さらに，認定を受けた事業主のうち，とくに次世代育成支援対策の実施の状況が優良なものについて，新たな認定（特例認定）制度が創設されることとなった[13]。特例認定マーク（愛称「プラチナくるみん」）は，認定マークのくるみんと同様に広告などに使用することができる[14]。

2017年4月からは，労働時間数に関する基準が適用されるようになった[15]。くるみん認定・プラチナくるみん認定ともに，①フルタイムの労働者等の法定時間外・法定休日労働時間の平均が各月45時間未満，②月平均の法定時間外労働60時間以上の労働者ゼロ，の2つの基準を満たすことが求められるようになり，長時間労働が恒常化している企業は認定されないこととなった[16]。過重労働問題が発生した企業がくるみん認定を受けていた事例があり，見直しが求められたのである[17]。

また，2017年の認定基準改正においては，男性の育児休業取得に関する基準が高くなっている。くるみん認定では，①男性育児休業取得率が7％以上，または，②男性の育児目的休暇[18]が15％以上，かつ，育児休業取得者1人以上を満たすことが求められるようになった[19]。2022年の認定基準改正では，上記の数値が変わり，7％が10％となり，15％が20％になり，さらに男性の育児休業取得に関する基準が高くなっている[20]。

2022年4月1日には，新たな認定制度「トライくるみん」と不妊治療と仕事の両立に関する認定制度「プラス」を，それぞれスタートさせている[21]。「トライくるみん」の認定基準は，改正前のくるみんと同じで，「トライくるみん」認定を受けていれば，「くるみん」認定を受けていなくても直接「プラチ

ナくるみん」認定を申請できるという。かなり複雑な様相を呈してきたが，現場の申請者や自治体などが混乱しないような対策が必要であろう。

(2) 一般事業主行動計画と認定事業

　図4-1は，次世代育成支援対策推進法に基づく一般事業主行動計画策定届け出企業数と認定企業数の，これまでの推移を表したものである。2011年の届け出企業数の数値が大きく伸びている。これは，先に述べた2008年の法改正との関連で，2011年から101人以上300人以下の企業にも，行動計画の策定・届け出が義務づけられるようになったことによるものと考えられる。その後，上昇したが下降をたどり，2015年には6万社を下回ったこともあった。しかし，特例認定制度の創設などのてこ入れによって，再び上昇している。2017年には，届け出企業数は7万社を超え，101人以上企業の届け出率は97.7％と高い数値となった[22]。

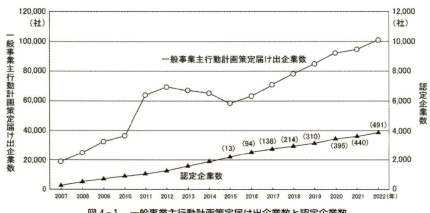

図4-1　一般事業主行動計画策定届け出企業数と認定企業数

注：（1）各年の数値は，6月末時点のものである。
　　（2）認定企業数には，認定を複数回受けた企業も含まれている。
　　（3）認定企業数の（　）内の数値は，特例認定企業の数である。
出典：厚生労働省「次世代育成支援対策取組状況」
　http://www.mhlw.go.jp/general/seido/koyou/jisedai/sekoujyoukyou.html（2023/08/20）をもとに筆者作成（2007・2008年の数値は，厚生労働省報道発表資料〈2008年7・8月〉による）。

認定企業数も年々増加している。2007年に293社であったその数は，2022年には3861社となった[23]。3861社のなかには，特例認定企業491社が含まれている。

　2010年に実施されたこども未来財団の「企業の次世代育成支援に関する調査」では，一般事業主行動計画を実行したことによる効果と認定を取得したことによる効果を尋ねている[24]。前者でとくに多かったのは，「経営トップ・管理職・一般社員の仕事と子育ての両立に対する理解が深まった」「男性・女性の育児休業取得者が増えた」であり，後者でとくに多かったのは，「企業の社会的なイメージアップにつながった」「経営トップ・管理職・一般社員の仕事と子育ての両立に対する理解が深まった」であった[25]。仕事と子育ての両立に対する理解が，企業全体にじわりと浸透しつつあるということが，両者にとっての大きな効果ということなのであろう。

　一般事業主行動計画と認定制度の効果に関しては，厚生労働省の次世代育成支援対策推進法に基づく一般事業主行動計画及び認定制度に係る効果検証研究会が，検証作業を行い，2013年9月にその成果を公表している[26]。その研究会は，子ども・子育て支援法附則第2条[27]に基づき，2014年度までの時限立法である次世代育成支援対策推進法の延長について検討を加えるにあたり，同法の中心にある一般事業主行動計画及び認定制度について，施行の効果検証を行ってきた[28]。

　そこでは，一般事業主行動計画策定の効果として，出産・育児を理由とした退職者の減少，女性従業員の制度利用促進，労働時間や時間制約に対する意識の向上などがあげられている[29]。また，認定取得の効果として，男性の育児休業取得の推進や所定外労働の削減，認定を受けている企業のほうが，受けていない企業と比較して女性の離職率が2.7％低いことなどがあげられている[30]。

　その一方で，全体的にみて企業規模や雇用形態により取組や効果に差があるという課題も指摘されている[31]。具体的には，制定当時から継続的に取組を進めてきた企業のほうが，2011年度から策定が義務づけられた企業（101人以上300人以下の企業）に比べ，取組期間が長いということもあり，各種効果を認識

している割合が高いという結果が示されている。雇用形態による差に関しては，女性正規社員の継続就業率は上昇しているが，非正規社員（パートや派遣）の継続就業率は若干改善されたものの，正規社員よりも低い状況にあることが報告されている。

こうした研究会報告書の内容をふまえ，2013年10月から労働政策審議会雇用均等分科会において，今後の次世代育成支援対策推進法について検討が進められ，先に述べた法の10年間延長へとつながっていくこととなった[32]。

企業規模や雇用形態による差を意識していくことが，次世代育成支援対策推進法の延長期間にあたる新たなステージ（2015〜2025年）において，求められている重要課題ということになろう。なお，上述したこども未来財団の調査において，認定取得の効果で「企業の社会的なイメージアップにつながった」があげられていたが，社会全体で眺めてみるとその認定の認知度はいまだに低い。くるみんマークの認知度を高めていくことも，忘れてはならない重要課題の1つなのであろう。

3 ワーク・ライフ・バランスの取組状況の一端

(1) ワーク・ライフ・バランス支援制度

学習院大学の経済経営研究所は，34社の企業で構成されるワーク・ライフ・バランス塾[33]と共同して，2007年に企業のワーク・ライフ・バランスの進捗状況を診断するツール"WLB-JUKU INDEX"（WJI）を開発した[34]。そこから，現在の企業におけるワーク・ライフ・バランス制度の全体を見渡すことができるようになった。WJIにおいて，ワーク・ライフ・バランスを実現するための管理システムは，「ワーク・ライフ・バランス推進体制」「ワーク・ライフ・バランス支援制度」「ワーク・ライフ・バランス基盤制度」の3つの柱で成り立っている[35]。

「ワーク・ライフ・バランス推進体制」は，ワーク・ライフ・バランスに関する経営方針を作成しそれを実行するための仕組みである。「ワーク・ライフ・バランス支援制度」は，個人が仕事と生活の両立を図りながら生活の充実

を実現できるように，健康管理，家庭生活（育児・介護），社会活動，自己啓発を直接支援するための制度である。「ワーク・ライフ・バランス基盤制度」は，「ワーク・ライフ・バランス支援制度」を支える人事管理上のプラットフォーム（基盤）の役割を果たすものであり，配置・異動（どのような仕事を担当するのか），働き方（その仕事を遂行するためにどのように働くのか），評価（働きぶりがどのように評価されるのか）にかかわる制度から構成されている。

　ここでは，とくに「ワーク・ライフ・バランス支援制度」に注目するが，制度の主な柱として「育児支援制度」「介護支援制度」「その他生活支援制度」「高齢期支援制度」の4つがある[36]。「その他生活支援制度」のなかには，「キャリア・能力開発支援制度」「社会活動支援制度」「健康管理支援制度」がある。「キャリア・能力開発支援制度」のなかには，「自己啓発休暇制度」「リフレッシュ休暇制度」「キャリア研修の開催」「キャリアカウンセリングの窓口」が，「社会活動支援制度」には，「社会貢献・ボランティア休暇制度」が，「健康管理支援制度」には，「メンタルヘルスの相談窓口」「メンタルヘルスの研修の開催」がそれぞれ個別制度として含まれている。

　第3章の国のワーク・ライフ・バランス施策の考察において，施策が対象としている生活範囲が，萌芽期は「子育て」，創成期は「子育て・介護」，確立期は「子育て・介護・学習活動・地域活動・ボランティア活動」と拡大されていった。しかし，「すべての働く人々」を対象として新たに加えられた「学習活動・地域活動・ボランティア活動」は，WJIの「ワーク・ライフ・バランス支援制度」のなかでは「その他生活支援制度」に位置づけられたことになる。また，WJIをもとに企業を対象として作成された「ワーク・ライフ・バランスに関する調査」の調査票を眺めてみると，「育児支援制度」にかかわる質問に多くのスペースが費やされており，それに比べて「その他生活支援制度」にかかわる質問は少ない[37]。ここから，生活範囲は拡大されたが，企業におけるワーク・ライフ・バランスの取組は，やはり「育児支援制度」の充実が中心となっていることを読み取ることができる。「育児支援制度」をもっと充実させるために「すべての働く人々」を対象として「学習活動・地域活動・ボ

ランティア活動」が加えられたという側面があるにしても，調査票上でみるワーク・ライフ・バランス支援制度の中心は「育児支援制度」である。「学習活動・地域活動・ボランティア活動」は，その他周辺におかれているといわざるをえない。

(2) ワーク・ライフ・バランス度による企業の類型化

かつて，脇坂明は，「男女均等推進」と「ファミリー・フレンドリー」の度合いに目を向け，企業を4つに類型化したことがある[38]。これまでの企業におけるワーク・ライフ・バランスの取組は，女性の育児支援制度の充実に力を注いできたという側面があるので，「男女均等推進」と「ファミリー・フレンドリー」の2つの度合いによってワーク・ライフ・バランス度をみていくことは1つの目安となるであろう。

脇坂は，2005年にニッセイ基礎研究所で行われた調査（ニッセイ・データ）と2006年に労働政策研究・研修機構（Japan Institute for Labour Policy and Training：JILPT）で行われた調査（JILPTデータ）をもとにして[39]，類型化する作業を試みている（図4-2）。そこでは，男女均等推進度もファミリー・フレンドリー度も高いタイプⅠの企業を「本格活用企業」，男女均等推進度は低いがファミリー・フレンドリー度が高いタイプⅡの企業を「ファミリー・フレンドリー先行企業」，男女均等推進度もファミリー・フレンドリー度も低いタイプⅢの企業を「男性優先企業」，男女均等推進度は高いがファミリー・フレンドリー度が低いタイプⅣの企業を「均等先行企業」と呼んでいる。小室淑恵は，4つのタイプⅠからタイプⅣ

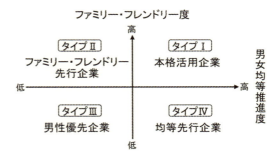

図4-2　ワーク・ライフ・バランス度による企業の類型化

出典：脇坂明「経営戦略としてのWLB」学習院大学経済経営研究所編『経営戦略としてのワーク・ライフ・バランス』第一法規，2008，p.6をもとに筆者作成

の企業に対して，それぞれ「本物先進ワークライフバランス企業」「見せかけワークライフバランス企業」「20世紀の遺物企業」「モーレツ均等企業」と名づけ，以下のような説明を加えている[40]。

タイプⅠの「本物先進ワークライフバランス企業」は，ファミリー・フレンドリー度も男女均等推進度も高く，働き方の見直しも進んでおり，働く人々の個性や能力が十分生かされている企業である。タイプⅡの「見せかけワークライフバランス企業」は，女性支援の各種施策が整備されているので，一見，ワークライフバランス支援が進んでいて，女性が働きやすい環境であると思われがちであるが，昇格・昇進は男性が中心となっている企業である。タイプⅢの「20世紀の遺物企業」は，男性を中心とした硬直した雇用・勤務形態が継続している旧来型の企業である。タイプⅣの「モーレツ均等企業」は，男女均等推進は進んでいるが，成果だけではなく男性的な働き方も評価の対象となっているため，仕事と生活のバランスがとりにくい企業である。

ニッセイ・データ（2005）とJILPTデータ（2006）から，4つのタイプの割合をみてみると，ニッセイ・データでは，タイプⅠ（29.6％），タイプⅡ（24.4％），タイプⅢ（27.8％），タイプⅣ（18.2％）となっており[41]，JILPT・データでは，タイプⅠ（32.5％），タイプⅡ（16.6％），タイプⅢ（34.4％），タイプⅣ（16.5％）となっている[42]。

いうまでもなく，めざしていく方向はタイプⅠの「本格活用企業」や「本物先進ワークライフバランス企業」であるが，上記の2つのデータでみるかぎり，そこに位置づいている企業は約3割であるといえる。しかし，ニッセイ・データもJILPTデータも，従業員が300人以上のいわゆる大企業を対象として得られたデータであることを軽視してはならない。総務省の「事業所・企業統計調査」（2006）によると，企業数（会社数と個人事業所を合わせた数値）に占める大企業の割合は0.3％（1万2351社）であり[43]，その多くが中小企業であるという現状がある。ファミリー・フレンドリーにかかわる諸制度の整備が大企業よりも遅れていると思われる中小企業[44]を含めて日本の企業全体で考えてみると，タイプⅠに属する企業は，ニッセイ・データやJILPTデータよりかな

り小さい割合になることが予想される。日本企業において，ワーク・ライフ・バランスの取組が遅々として進まないという厳しい状況をここから読み取ることができる。

では，企業のワーク・ライフ・バランスの取組を妨げる問題は，いったいどこにあるのであろうか。次節において，企業の側からその問題を捉えていきたい。

4　ワーク・ライフ・バランスの取組を妨げるコストの問題

企業において，ワーク・ライフ・バランスの取組がなかなか進展していないのは，その取組の中心が育児支援策であるという現状から，ワーク・ライフ・バランスは「コスト」であるとか，経営上のメリットはないという考え方が根強く残っていることが考えられる[45]。実際，「育児支援はコストがかかるわりにリターンが少ないので，経営環境を考えると後回しにせざるをえない」という経営者も多い[46]。このような経営者たちの意識を変えていくためには，ワーク・ライフ・バランスの取組と企業業績との関係は軽視できないのである。また，第1章でも述べたが，ワーク・ライフ・バランス概念は，「個人の成長」と「組織の発展」を追求していくことが不可欠となっている。個人のニーズと同様に組織のニーズにも，当然のことながら耳を傾けなければならないのである。

ワーク・ライフ・バランスの取組と企業業績との関係は，次の脇坂の研究が参考になる。脇坂は，上述したJILPTデータを用いて，前節で紹介したタイプⅠからタイプⅣのどの企業が企業パフォーマンスへの効果が大きいかを追究する作業を行っている（表4-1）。5年前との比較や同業他社との比較は，「良い」「やや良い」「ほぼ同じレベル」「やや悪い」「悪い」の5項目を5点法で算出している[47]。表4-1から，タイプⅠの「本格活用企業」は，1人あたりの売上や経常利益がほかのタイプの企業に比べて高いことがうかがえる。また，5年前との比較スコアにおいても，「本格活用企業」が，売上と経常利益で最も高くなっている。同業他社との比較においては，売上と経常利益と生産性の

表4-1　タイプ別にみた企業パフォーマンス

		タイプI 本格活用 均等高 ファミフレ高	タイプII ファミフレ先行 均等低 ファミフレ高	タイプIII 男性優先 均等低 ファミフレ低	タイプIV 均等先行 均等高 ファミフレ低	t検定
	N	232	119	246	118	
	計	32.5	16.6	34.4	16.5	
財務データ	一人あたり売上（百万円）	102.29	67.34	62.1	85.4	*
	一人あたり経常利益（百万円）	3.98	3.36	1.45	2.25	**
5年前との比較スコア	売上高	3.47	3.17	3.23	2.88	**
	経常利益	3.48	3.22	3.21	2.87	***
	生産性	3.54	3.57	3.26	3.00	
同業他社比較スコア	売上高	3.28	3.05	3.20	3.10	
	経常利益	3.15	2.75	3.02	3.03	*
	生産性	3.15	2.92	3.02	2.95	*

注：（1）ファミフレは，ファミリー・フレンドリーの略である。
　　（2）タイプIがトップの項目で，ほかのタイプの企業とのt検定。***1％水準，**5％水準，*10％水準で有意。
出典：脇坂明「経営戦略としてのWLB」学習院大学経済経営研究所編『経営戦略としてのワーク・ライフ・バランス』第一法規，2008，p.7をもとに作成

すべてにおいてほかのタイプの企業より高くなっている。脇坂は，これらのデータをふまえて，「ワーク・ライフ・バランスの推進は経営上のメリットがある」と確信を抱いている[48]。

　また，ワーク・ライフ・バランスの取組と働く人々の意識との関係を探る研究も，武石恵美子らを中心として蓄積されてきている。産業別労働組合である電機連合が2006年に実施した調査[49]にかかわった武石は，「ワーク・ライフ・バランス施策の職場での定着を進める企業において従業員のモチベーションは高まる」や，「ワーク・ライフ・バランスが実現している従業員はモチベーションが高い」といった結論を導き出している[50]。ここから，ワーク・ライフ・バランスの取組は，働く人々のモチベーションと深くかかわっていることが考えられる。高いモチベーションをもった人々のベスト・パフォーマンスが，企業業績にプラスの影響を与えていくということであろう。

　もちろん，企業におけるワーク・ライフ・バランスの取組は，経営上の問題

や生産性の向上の観点だけで語られるものではない。しかし，ワーク・ライフ・バランスの取組が遅々として進まないという日本企業の状況を少しでも乗り越えるためには，ワーク・ライフ・バランスの取組の「コスト」の側面ではなく「ベネフィット」の側面に注目していくような脇坂や武石らの研究は，ワーク・ライフ・バランス推進にとって重要な意味をもっていると考えられる。

5　取り組むべき今後の作業

　企業におけるワーク・ライフ・バランスの取組に関する研究は，まだ緒に就いたばかりであるが，ここでの考察をふまえてみえてきた今後取り組むべき作業を整理してみると，次の4つにまとめることができるだろう。

　第1の作業は，次世代育成支援対策推進法に基づく一般事業主行動計画の内容にかかわる分析である。現在，一般事業主行動計画公表サイトでは，12万6450社の企業が策定した一般事業主行動計画を閲覧することが可能である[51]。それらを手がかりとして具体的な内容を分析することによって，企業規模別・業種別にみた一般事業主行動計画の特徴や違いを，浮き彫りにすることができるだろう。また，その分析過程において，企業はどのように行政や地域と連携しようとしているのか，それらを読み取っていくことも重要な作業となる。

　第2の作業は，これまで企業におけるワーク・ライフ・バランスの取組において，重要な柱の1つとなる企業の育児休業制度の歴史的展開と育児休業取得率を探ることである。たしかに，1991年に成立した育児休業法によって制度を導入する企業が増えてきた。しかし，企業のなかには三菱UFJ信託銀行株式会社（旧三菱信託銀行株式会社）のように，1972年という比較的早い段階で導入されている企業もあり[52]，その歴史は古い[53]。

　また，1997年に設立されたサイボウズ株式会社では，最長6年間利用できる育児休業制度を導入しており[54]，制度の内容も企業によって実に多様である。企業の多様な育児休業制度の歴史的展開と育児休業取得率を探っていくことは，企業におけるワーク・ライフ・バランスの取組に関する研究の充実に向け

て，欠かせない作業となる。また，国のワーク・ライフ・バランス施策を，国の育児休業制度と企業の育児休業取得率の推移から検討することによって，ワーク・ライフ・バランス概念の導入によるファミリー・フレンドリー概念の充実度を読み取ることが可能となろう。これに関しては，次章において詳述する。

　第3の作業は，企業のワーク・ライフ・バランスの取組事例を収集し考察を加えることである。事例を収集する際は，脇坂の企業の類型化を基盤として，タイプⅠからタイプⅣに位置づく企業の取組事例を収集し，ワーク・ライフ・バランスの取組の推進要因と阻害要因を浮き彫りにしていく。また，脇坂の企業の類型化（図4-2）の妥当性については，次の2つの観点からみていく必要があろう。

　1つは，「男女均等推進」と「ファミリー・フレンドリー」の2つ軸で整理されているタイプⅠからタイプⅣの企業を，「キャリア・能力開発支援制度」「社会活動支援制度」で構成されるいわゆる「その他生活支援制度」との関連でみていくことである。もう1つは，脇坂が類型化の作業を試みた企業は，いわゆる大企業であり，その類型化は中小企業においても通用するのかをみていくことである。日本企業の多くが中小企業であるという現状をふまえると，中小企業のワーク・ライフ・バランス推進は重要な課題であるといえる。ファミリー・フレンドリーにかかわる諸制度は整っていないが，柔軟な対応ができるという強みをもつ中小企業[55]を類型化していくためには，大企業とは異なる軸が求められるのではなかろうか。大企業だけではなく中小企業の取組事例の収集にも，今後努めていきたいと考えている。

　取組事例を収集・検討する過程においては，ワーク・ライフ・バランス概念とキャリア開発概念の関係を探っていくことを忘れてはならない。その際，キャリア開発概念やその具体的諸制度が，ワーク・ライフ・バランス概念の登場によってどのように変わっていったのか，その変容に注目していくことが重要なポイントとなっていくこととなろう。

　第4の作業は，ワーク・ライフ・バランスの取組を妨げるコストの問題とど

う取り組み、どう乗り越えていくのかを追求していくことである。前節でも述べたとおり、企業におけるワーク・ライフ・バランスの取組は、経営上の問題や生産性の向上の観点だけで決して語られるものではない。しかし、コストの問題から企業のワーク・ライフ・バランスの取組に対するハードルが高くなっているという現状をふまえると、そこを軽視するわけにはいかない。生涯学習・社会教育の領域では、ワーク・ライフ・バランスの取組を経営戦略の1つとして捉えることに対して、抵抗感をもつ研究者は多いことであろう。

　しかしながら、経営戦略の1つとして位置づけることによって、企業が高いハードルを乗り越え本気で取り組むようになるという側面も、否定することはできない。個人の生活のニーズを充足していくことを前提としたうえで、ワーク・ライフ・バランスの取組を「ベネフィット」の観点から探っていくような研究に、今後も注目していく必要があると考えている。またその一方で、経営上の問題や生産性の向上のみが強調されないように、企業に対しては、ワーク・ライフ・バランスの理念や施策の意図を伝えていくという啓発事業の充実も、忘れてはならない。

■ 注 ■

1) 中小企業基本法（昭和38年法律154号）による中小企業は、従業員が300人以下（ただし、卸売業・サービス業は100人以下、小売業は50人以下）、または資本金が3億円以下（ただし、卸売業は1億円以下、小売業・サービス業は5000万円以下）の企業であると定義されている（中小企業庁編『平成20年度中小企業施策総覧』中小企業総合研究機構、2008、p.5）。一般的には、大企業は、中小企業基本法で定める中小企業の基準を超える企業であると捉えられている。つまり、業種や従業員規模や資本金規模によって異なる側面もあるが、従業員が300人を超える企業を大企業として、300人以下の企業を中小企業として捉えていることになる。本研究は、ここで取り上げる調査をふまえたうえで、従業員300人以上の企業を大企業として捉えている。
2) 小室淑恵『ワークライフバランス―考え方と導入法―』日本能率協会マネジメントセンター、2007、pp.30-36.
3) 労務行政編『次世代育成支援対策推進法』労務行政、2004、pp.55-56.
4) 安藤英樹「次世代育成支援対策の取組①―地方公共団体及び企業等による行動計画の策定による次世代育成支援対策の推進―」『時の法令』No.1715、2004、pp.32-36.
5) 厚生労働省「こんにちは！厚生労働省です。―雇用分野における男女共同参画の取組をご紹介します―改正次世代育成支援対策推進法の施行について」『共同参画』2010年11月号、p.13、http://www.gender.go.jp/public/kyodosankaku/2010/201011/pdf/201011.pdf（2024/04/29）.
6) 厚生労働省雇用均等・児童家庭局職業家庭両立課「次世代法に基づき128社を認定！（平成19年4月末現在）」『厚生労働』2007年7月号、p.56.
7) 厚生労働省雇用均等・児童家庭局職業家庭両立課「次世代育成支援対策推進法に基づく認定を希望される事業主の皆様へ」『厚生労働』2007年1月号、p.40.

8）同上，pp.40-41.
9）厚生労働省雇用均等・児童家庭局職業家庭両立課「次世代法の認定企業増加中（平成19年9月末現在366社）」『厚生労働』2007年12月号，p.42. なお，「くるみん」という愛称は，公募により決定され，赤ちゃんが優しく大事に「くるまれる」，「社会・会社ぐるみ」で子育てを支援しようという意味が込められている（厚生労働省雇用均等・児童家庭局職業家庭両立課「改正 次世代育成支援推進法の概要」『労働法令通信』No.2351, 2014, p.10）.
10）小室淑恵，前掲，p.35.
11）2003年に成立した次世代育成支援対策推進法（第27条第2項）において，「この法律は，平成27年3月31日限り，その効力を失う」と規定されていた（安藤英樹，前掲，p.44）．
12）『厚生労働』2014年6月号，p. 44. なお，2015年4月から適用された新しい認定基準に関しては，厚生労働省「くるみん認定プラチナくるみん認定の認定基準・認定マークが決定しました！」（2014年11月作成リーフレット No.22）www.mhlw.go.jp/bunya/koyoukintou/pamphlet/pdf/kurumin_20141202.pdf（2024/04/06）を参照されたい．
13）川端裕之「次世代育成支援対策の推進・強化—あわせて，ひとり親家庭に対する支援施策の充実を図る—」『時の法令』No.1959, 2014, pp.38-39, p.49.
14）厚生労働省雇用均等・児童家庭局職業家庭両立課「『プラチナくるみん』認定」『週刊社会保障』No.2825, 2015, p.62.
15）厚生労働省「くるみん認定プラチナくるみん認定の認定基準・認定マークが改正されます」（2017年3月作成リーフレット No.4）www.mhlw.go.jp/file/06-Seisakujouhou-11900000-Koyoukintoujidoukateikyoku/0000156432.pdf（2024/04/29）．
16）厚生労働省「厚生労働省認定制度見直しについて」http://www.mhlw.go.jp/file/05-Shingikai-12602000-Seisakutoukatsukan-Sanjikanshitsu_Roudouseisakutantou/0000151445.pdf（2024/04/29）．
17）『労働法令通信』No.2449, 2017, p.26.
18）勤務先が設けている育児目的の休暇制度であり，具体的には，配偶者出産休暇やファミリーフレンドリー休暇などがあげられている（こども家庭庁『夫婦で読む，男性の「産休」スタートブック さんきゅうパパ準備 BOOK』（改定3版）2023, p.6, https://www.cfa.go.jp/assets/contents/node/basic_page/field_ref_resources/c3526e81-bdb5-4890-aa86-0c29ebeae4d9/4382b0a5/20230401_policies_shoushika_sankyu-papa_01.pdf（2024/05/03）．
19）厚生労働省「次世代育成支援対策推進法に基づく一般事業主行動計画を策定し，くるみん認定プラチナくるみん認定を目指しましょう!!!」（2017年7月作成パンフレット No.3）p.1, https://warp.da.ndl.go.jp/info/ndljp/pid/11069757/www.mhlw.go.jp/file/06-Seisakujouhou-11900000-Koyoukintoujidoukateikyoku/0000172296.pdf（2024/04/29）．
20）厚生労働省「次世代育成支援対策推進法に基づく一般事業主行動計画を策定し，くるみん認定プラチナくるみん認定を目指しましょう!!!」（2024年1月作成パンフレット No.21）p.1, https://www.mhlw.go.jp/content/11900000/999zentai.pdf（2024/04/29）．
21）厚生労働省『次世代育成支援対策推進法関係リーフレット』2022, p.1, https://www.mhlw.go.jp/content/11900000/jisedai.pdf（2024/04/07）．
22）厚生労働省「都道府県別一般事業主行動計画策定届の届出及び認定状況」（平成29年6月末現在）https://www.mhlw.go.jp/general/seido/koyou/jisedai/dl/jyoukyou_h29_06.pdf（2024/05/03）．
23）厚生労働省「次世代育成支援対策取組状況」https://www.mhlw.go.jp/general/seido/koyou/jisedai/sekoujyoukyou.html（2024/05/03）．
24）こども未来財団『企業の次世代育成支援に関する調査報告書』（平成22年度児童関連サービス調査研究等事業報告書）2011, p.113, https://wlb.r.chuo-u.ac.jp/material/pdf/jisedai2010_report.pdf（2024/04/29）．この調査の対象は，東京商工リサーチに掲載されている企業リストに次世代育成支援対策推進法の認定企業リストを加えた4305社である．有効回答数は459社（回収率：10.8％）であった．
25）同上，pp.84-87.
26）厚生労働省報道発表資料（2013年9月）http://www.mhlw.go.jp/stf/houdou/0000023447.html（2024/04/29）．

27) 子ども・子育て支援法（平成24年法律第65条）附則第2条において，「政府は，平成27年度以降の次世代育成支援対策推進法（平成15年法律第120号）の延長について検討を加え，必要があると認めるときは，その結果に基づいて必要な措置を講ずるものとする」と規定されている（内閣府・文部科学省・厚生労働省「子ども・子育て関連3法について」『賃金と社会保障』No.1597, 2013, p.46）。
28) 厚生労働省報道発表資料（2013年9月）前掲．
29) 厚生労働省「次世代育成支援対策推進法に基づく一般事業主行動計画及び認定制度に係る効果検証研究会報告書」2013, p.23, https://www.mhlw.go.jp/file/04-Houdouhappyou-11903000-Koyoukintoujidoukateikyoku-hokugyoukateiryouritsuka/0000023459.pdf（2024/04/29）．
30) 同上，p.24．
31) 同上．
32) このあたりの一連の流れに関しては，川端裕之，前掲，pp.45-47を参照されたい。
33) 資生堂の取締役副社長（当時）であった岩田喜美枝らが中心となって，2004年に設立された塾である。2004年度は，次世代育成支援対策推進法に基づいて，企業は一般事業主行動計画を作成しなければならない年であった。しかし，各企業が個別に取り組むのはむずかしいという状況があった。そこで，企業が連携して情報の共有や意見交換を進めれば，計画の策定をしやすくなるのではないか，ワーク・ライフ・バランスについてもっと理解を深めることができるのではないかと考え，塾の立ち上げにつながっていったのである。参加した企業は，株式会社ニチレイ，旭化成株式会社，トヨタ自動車株式会社，株式会社ベネッセコーポレーションなど34社である。塾の活動内容に関しては，学習院大学経済経営研究所編『経営戦略としてのワーク・ライフ・バランス』第一法規，2008, pp.58-134に詳しい。
34) 今野浩一郎「WLB指標の開発と活用方法」学習院大学経済経営研究所編，前掲，pp.136-196．
35) 同上，p.139．
36) 同上，p.146．
37) 「WLB調査項目表」学習院大学経済経営研究所編，前掲，pp.219-231．
38) 男女均等推進度とファミリー・フレンドリー度の算出方法についてであるが，前者は，「転居を伴う転勤の経験のある従業員割合の男女差」「女性が能力発揮できる環境整備の重視度合い」「女性正社員比率」「女性管理職比率」「女性役員比率」「平均年齢の男女差」「平均勤続年数の男女差」などの項目をもとに，後者は，「女性既婚者比率」「女性正社員の就業継続の状況」「仕事と家庭の両立支援の環境整備の重視度合い」「育児に関わる制度」「介護に関わる制度」などの項目をもとに算出している（脇坂明「ファミリー・フレンドリーな企業・職場とは—均等や企業業績との関係—」『季刊家計経済研究』No.71, 2006, pp.26-28）。
39) ニッセイ・データは，ニッセイ基礎研究所の「両立支援と企業業績に関する研究会」（座長：佐藤博樹東京大学教授）が中心となって2005年に実施した調査から得られたものである。『会社四季報』から従業員301～2000人規模の上場・未上場企業3464社を対象として郵送調査を行ない446社（有効回答率12.9％）の回答を得ている（両立支援と企業業績に関する研究会編『両立支援と企業業績に関する研究会報告書』（平成17年度厚生労働省委託調査）ニッセイ基礎研究所, 2006, p.7）。いっぽう，JILPTデータは，労働政策研究・研修機構が2006年に行った「仕事と家庭の両立支援にかかわる調査」から得られたものである。その調査は，企業調査・管理職調査・一般社員調査の3つから構成されている。調査対象は，企業調査が従業員数300人以上の企業6000社（業種・規模別に層化無作為抽出，農林漁業に属する企業を除く），従業員調査は，企業調査の対象企業で働く管理職3万人（調査対象企業を通じて1企業あたり管理職5人），一般社員調査は6万人（同一企業あたり一般社員10人）となっている。郵送調査で行われたその有効回収数は，企業調査は863社（有効回収14.4％），管理職調査3299人（有効回収率11.0％），一般社員調査6529人（有効回収率10.9％）となっている（労働政策研究・研修機構編『仕事と家庭の両立支援にかかわる調査』JILPT調査シリーズNo.37, 2007, p.3）。調査のサンプル数に関しては，JILPTデータは，ニッセイ・データを大きく上回っている。
40) 小室淑恵，前掲，p.51．
41) 脇坂明「ファミリー・フレンドリーな企業・職場とは—均等や企業業績との関係—」前掲，p.19．

42) 脇坂明「均等，ファミフレが財務パフォーマンス，職場生産性に及ぼす影響」労働政策研究・研修機構編，前掲，p.94.
43) 中小企業庁編『中小企業白書（2008年版）―生産性向上と地域活性化への挑戦―』ぎょうせい，2008，p.349. 大企業で働く就業者は全体12.9％（697万2789人）となっている。詳細は，https://www.stat.go.jp/data/jigyou/2006/kakuhou/gaiyou/04.htm（2024/04/29）を参照されたい。
44) 例えば，厚生労働省の「平成19年度雇用均等基本調査」をみてみると，企業規模別の女性の育児休業取得率は，500人以上規模では94.0％，100～499人規模では93.3％，30～99人規模では87.6％，5～29人規模では65.3％となっている（http://www.mhlw.go.jp/toukei/list/dl/71-19a.pdf；2024/05/20）。ファミリー・フレンドリーにかかわる諸制度の整備に限定していえば，中小企業は大企業に比べて遅れを取っているといえよう。
45) 脇坂明「経営戦略としてのWLB」学習院大学経済経営研究所編，前掲，p.2.
46) 島田晴雄・渥美由喜『少子化克服への最終処方箋―政府・企業・地域・個人の連携による解決策―』ダイヤモンド社，2007，p.119.
47) 脇坂明「均等，ファミフレが財務パフォーマンス，職場生産性に及ぼす影響」労働政策研究・研修機構編，前掲，p.93，p.136.
48) 脇坂明「経営戦略としてのWLB」学習院大学経済経営研究所編，前掲，pp.7-8.
49) 調査は，産業別労働組合の1つである電機連合が，ワーク・ライフ・バランスの現状と課題を追究するため2006年に実施されたものである。企業調査票，組合員調査票，育休取得者調査票，管理職調査票の4つの調査票があり，調査対象者はそれぞれ，電機連合傘下の企業133社，電機連合の組合員5000人，過去5年以内に育児休職から復帰した組合員600人，その復帰者が復帰したときの上司600人となっている。回収数はそれぞれ，101社（回収率75.9％），4388人（回収率87.8％），504人（回収率84.0％），501人（回収率83.5％）である（電機連合総合研究企画室編『電機連合21世紀生活ビジョン研究会報告』2007）。
50) 武石恵美子「ワーク・ライフ・バランス施策と従業員のモチベーション」電機連合総合研究企画室編，前掲，p.38.
51) 厚生労働省「一般事業主行動計画公表サイト」https://ryouritsu.mhlw.go.jp/hiroba/index.php（2024/05/20）.
52) 小室淑恵，前掲，p.99.
53) 1960年に日本電信電話公社（現NTT）の労働組合である全国電気通信労働組合が育児休業制度化要望書を公社側に提出し，1965年に制度が実施されたのが制度導入の先駆けとされている（武石恵美子「育児休業政策の意義と課題」嵩さやか・田中重人編『雇用・社会保障とジェンダー』東北大学出版会，2007，p.51）。
54) 小室淑恵，前掲，p.84.
55) 島田晴雄・渥美由喜，前掲，p.146.

第5章　ワーク・ライフ・バランス施策の検証
　　　　　―育児休業制度と育児休業取得率の観点から―

1　ワーク・ライフ・バランスのコアに迫る

　第3章で述べたとおり，ワーク・ライフ・バランス概念は，ファミリー・フレンドリー概念をさらに拡充・発展させていくために登場した概念である。ゆえに，ワーク・ライフ・バランスを追求していくためには，そのコアであるファミリー・フレンドリーの追求を欠かすことはできない。

　本章は，ファミリー・フレンドリー概念の柱の1つである育児休業制度を取り上げ，育児休業制度と育児休業取得率の観点から，ワーク・ライフ・バランス施策を検証していきたい。その作業を通して，ワーク・ライフ・バランス概念の登場によるファミリー・フレンドリーの充実度を見いだしたいと考えている。手続きは，以下のとおりである。

　まず，最初に，育児休業にかかわる制度の変遷をレビューする。つぎに，企業の育児休業取得率の推移をたどり，育児休業取得の前に立ちはだかる壁を，女性・男性それぞれの立場からみていく作業を通して，ワーク・ライフ・バランス施策を検証していく。なお，本章では，第3章において国のワーク・ライフ・バランス施策をレビューした際に，萌芽期・創成期・確立期の3つに分けて整理したことをふまえて，その3つの時期区分を土台として，国の育児休業制度や企業の育児休業取得率の推移を考察していきたいと考えている。ちなみに，ワーク・ライフ・バランスという言葉がはじめて登場したのは，確立期においてである。確立期を境としてその違いに注目していくことが重要なポイントとなろう。

2　育児休業にかかわる制度の変遷

(1)　ワーク・ライフ・バランス施策の萌芽期（1972～1994年）

　ワーク・ライフ・バランス施策の萌芽期（1972～1994年），創成期（1995～2002年），確立期（2003年～）の3つの時期をもとにして，育児休業に関する法

制度の変遷をたどってみると，表5-1のようにまとめることができる。なお，そこで示した法律に関しては，基本的に成立した年を示している。しかし，育児休業奨励金・育児休業給付金・厚生年金料・健康保険料に関しては，その実効性を重視するために，その制度が導入された年を示している。

日本の法律において，「育児休業」という文字が最初に登場したのは，1972年に成立した勤労婦人福祉法（昭和47年法律第113号）とされている[1]。勤労婦人福祉法には，「職業生活と家庭生活との調和」の視点が含まれていることから，その法が制定された1972年を，ワーク・ライフ・バランス施策の萌芽期の

表5-1 育児休業にかかわる制度の変遷

	年	事　項
萌芽期	1972	・勤労婦人福祉法成立（働く女性のみを対象，事業主の努力義務規定，1985年に改正され，男女雇用機会均等法となる）
	1975	・育児休業奨励金制度設立
		・特定職種育児休業法成立（公務員の女性教員・看護士・保育士を対象とした育児休業規定の導入）
	1991	・育児休業法成立（働く男性も対象，日々雇用者・期間雇用者は対象外，常用雇用者30人以下の事業所は適用外）
創成期	1995	・改正育児休業法（育児・介護休業法）成立（すべての事業所で適用）
		・育児休業給付の実施，休業前賃金の25%を雇用保険から支給
		・育児休業期間中の月収に対する厚生年金保険料と健康保険料の本人負担分が免除
	2000	・育児休業期間中の賞与に対する厚生年金保険料の本人負担分，月収と賞与に対する厚生年金保険料の事業主負担が免除
	2001	・賞与に対する健康保険料の本人負担分，月収と賞与に対する健康保険料の事業主負担分が免除
		・育児休業給付が休業前賃金の40%に増額
		・育児・介護休業法改正（子どもの看護休暇の努力義務規定）
確立期	2004	・育児・介護休業法改正（期間雇用者の育児休業の拡大・育児休業期間の延長〈1歳6カ月まで〉・年5日の子どもの看護休暇）
	2007	・育児休業給付が休業前賃金の50%に増額
	2009	・育児・介護休業法改正（パパママ育休プラス・出産後8週間以内の父親の育児休業取得の促進・労使協定による専業主婦（夫）除外規定の廃止，子どもの看護休暇制度の拡充〈子ども人数に応じた看護休暇〉
	2010	・育児休業基本給付金と職場復帰給付金の統合（休業期間中に支給）
	2014	・育児休業を開始してから180日までは休業開始前の賃金の67%，181日目から50%
	2016	・育児・介護休業法改正（育児休業期間の延長〈2歳まで〉・育児目的休暇の新設・有期契約労働者の育児休業の取得要件の緩和）
	2021	・育児・介護休業法改正（個別の周知・意向確認の措置の義務化，有期雇用労働者の育児・介護休業取得要件の緩和，産後パパ育休の創設，育児休業の分割取得，育児休業取得状況の公表の義務化）

出典：筆者作成

はじまりの年にしたことに関しては，第3章で述べたとおりである。勤労婦人福祉法は，「育児休業制度」の出発点という観点からみても，非常に重要な法律であることがわかる。

育児休業については，勤労婦人福祉法第11条において，「事業主は，その雇用する勤労婦人について，必要に応じ，育児休業（事業主が，乳児又は幼児を有する勤労婦人の申出により，その勤労婦人が育児のため一定期間休業することを認める措置をいう。）の実施その他の育児に関する便宜の供与を行なうように努めなければならない」[2]と規定されている。勤労婦人福祉法は，1985年に全面改正され男女雇用機会均等法（正式名称：雇用の分野における男女の均等な機会及び待遇の確保等女子労働者の福祉の増進に関する法律）となるが[3]，勤労婦人福祉法の第11条は，男女雇用機会均等法28条に同じ内容で引き継がれていく[4]。勤労婦人福祉法は，育児休業の対象が「働く女性」のみであったという点と，制度の採用に関して事業主の「努力義務規定」にとどまっていたという点が課題として残されたが，はじめて育児休業についての規定を設けたという点において，画期的な法であったと捉えられている[5]。

なお，1974年に「失業保険法」（昭和22年法律第146号）が「雇用保険法」（昭和49年法律第116号）となった際，事業主のみの負担による保険料で，①雇用改善事業，②能力開発事業，③雇用福祉事業，の3つの事業が創設された[6]。①雇用改善事業の「その他の雇用改善事業」のなかに，育児休業奨励金の支給が盛り込まれ[7]，翌年の1975年には育児休業奨励金制度が発足している[8]。さらに，1975年には，特定職種育児休業法（正式名称：義務教育諸学校等の女子教育職員及び医療施設，社会福祉施設等の看護婦，保母等の育児休業に関する法律，昭和50年法律第62号）が成立し，特定の職種に限定されたものではあったが，育児休業の取得権限が法的に保障された[9]。

事業主の努力義務を基本として，「働く女性」のみを対象としていたこれまでの育児休業制度は，1991年の育児休業法（正式名称：育児休業等に関する法律，平成3年法律第76号）の成立によって，「働く男性」も対象とした制度に改められていく[10]。そこでは，1人の子について，連続した1回の期間にかぎ

り，その子が1歳に達するまでの間，事業主に対して意思表示（申し出）を行うことにより，育児休業の取得が認められるようになった[11]。同法は，はじめて「働く男女」を対象とし，育児休業の権利が保障されたという点において，重要な意味をもっていたといえる。

しかし，次の2つの除外となる対象も存在していた。1つ目は，「日々雇用される者」（日々雇用者）と「期間を定めて雇用される者」（期間雇用者）については，育児休業の対象から除外されていることである[12]。日々雇用者は1日単位，期間雇用者はこの時点で雇用契約の上限期間が1年とされていたため，両者は最大で子が1歳に達するまでの1年にわたる長期的な休業という育児休業の性質にはなじまない雇用形態の労働者であると考えられていたのである[13]。なお，「期間雇用者」という用語は，2016年には「有期契約労働者」，2021年には「有期雇用労働者」という言葉が用いられているが，基本的には，「期間雇用者」と同じ意味である。2つ目は，常用雇用者が30人以下の小規模事業所については，その適用が除外されていたということである[14]。事業所・企業統計調査（総務省統計局）によると，1991年の時点で，農林漁業を除く全産業の民営営業所のうち，事業所規模が30人未満である事業書の割合は96.4%，30人未満の事業所で働く従業者の割合は，男女あわせて58.9%であった[15]。ここから，育児休業法が成立された1991年においては，適用外に置かれていた人々が多く存在していたという事実がみえてくる[16]。

育児休業法が施行された頃，事業主はノーワーク・ノーペイの原則から育児休業中の賃金を支払う義務は発生せず，育児休業期間中の賃金支給の有無は，企業の人事方針に全面的に委ねられていた[17]。また，育児休業期間中の所得保障や社会保険料の個人負担分と事業主負担分の免除もなかった[18]。そのため，育児休業期間中の所得確保に対する不安や，休業中の社会保険料の本人負担分が家計を圧迫するという問題から，育児休業を取得する人が少ないという問題点が指摘されていた[19]。

ワーク・ライフ・バランス施策の萌芽期における育児休業制度は，「働く女性」だけではなく「働く男性」にもその利用対象が拡大され，育児休業の権利

が保障されていった。しかし，雇用形態や事業所の規模による除外や経済的な側面からその制度を見渡してみると，多くの課題が残されていたといえる。

(2) ワーク・ライフ・バランス施策の創成期（1995～2002年）

つぎに，ワーク・ライフ・バランス施策の創成期における育児休業制度をみていく（表5-1）。第3章でもふれたが，育児休業法は，高齢化の進展に伴い高齢者の介護をとりまく環境整備が重要課題となり，1995年に育児・介護休業法（正式名称：育児休業等育児又は家族介護を行う労働者の福祉に関する法律）となる[20]。この改正において，事業所規模による適用除外が撤廃され，すべての事業所で育児休業が義務化されるようになった[21]。

また，ワーク・ライフ・バランス施策の萌芽期において問題となっていた育児休業期間中の経済的支援に関しては，雇用保険法の改正により育児休業給付の支給が開始されることとなった。この育児休業給付の目的は，働く人々が育児休業を取得しやすくし，その後の円滑な職場復帰を援助・促進することにある[22]。この制度では，育児休業取得と職場復帰にインセンティブを与えるため2つの給付金が設定されている[23]。前者のインセンティブは，育児休業期間中に支給される「育児休業基本給付金」であり，後者のインセンティブは，育児休業後に職場復帰した場合に支給される「育児休業者職場復帰給付金」である。雇用保険法の改正により，1995年4月から休業前賃金の25％（「育児休業基本給付金」20％と「育児休業者職場復帰給付金」5％）が育児休業給付金として支給されることになった[24]。

育児休業給付金支給に加えて，1995年には，育児休業期間中の月収に対する厚生年金保険料と健康保険料の本人負担分が免除されることになった[25]。2000年には，賞与に対する厚生年金保険料の本人負担分と，月収と賞与に対する厚生年金保険料の事業主負担が免除に，2001年には，賞与に対する健康保険料の本人負担分と，月収と賞与に対する健康保険料の事業主負担分が免除となっている[26]。

ワーク・ライフ・バランス施策の創成期は，萌芽期において課題となってい

た育児休業期間中における経済的支援が充実していく時期である。1997年に人口問題審議会（旧厚生省）がとりまとめた報告書では，今後検討すべき課題の1つとして，育児休業制度の定着促進（育児休業給付の活用促進）があげられている[27]。また，1999年の「少子化対策推進基本方針」では，育児休業給付の給付水準の引き上げが方針として示される[28]。この「少子化対策推進基本方針」に基づき，具体的実施計画として策定された「新エンゼルプラン」（「重点的に推進すべき少子化対策の具体的実施計画について」）において，2000年度中に育児休業の給付水準を25％から40％へ引き上げることが明記された[29]。こうした動きをふまえて，2000年に雇用保険法が改正され，2001年より休業前賃金の40％（「育児休業基本給付金」30％と「育児休業者職場復帰給付金」10％）に増額されることとなった[30]。

なお，2001年に育児・介護休業法が改正され，そこでは，努力義務規定であるが，小学校就学の始期に達するまでの子どもが病気になった場合，看護のための休暇の取得が認められるようになった[31]。日数については，指針において，5日が望ましいとされている[32]。

ワーク・ライフ・バランス施策の創成期における育児休業制度は，育児休業給付が導入されたことと，育児休業の給付水準が25％から40％へと引き上げられたことにその特徴が表れている。ここから，ワーク・ライフ・バランス施策の創成期は，萌芽期に浮き彫りにされた育児休業期間中の経済問題に対応していくことが，中心的な課題であったことを読み取ることができる。

さらに，この時期には，「少子化対策プラスワン」（2002）が提出され，「子育て」と「仕事の両立支援」に重点をおいたこれまでの少子化対策に，「男性を含めた働き方の見直し」が柱の1つとして加えられた[33]。また，そこでは，第3章でもふれたが，育児休業取得率について男性10％，女性80％という数値目標が設定された[34]。これらの数値は，国として定めたはじめての数値目標であるといわれている[35]。

この「少子化対策プラスワン」を契機として，育児休業制度は新しいステージへと向かっていくこととなる（表5-1）。

(3) ワーク・ライフ・バランス施策の確立期（2003年～）

1）確立期前期（2003～2015年）

「少子化対策プラスワン」をふまえて，2003年，企業や地方公共団体に積極的な子育て支援を求める次世代育成支援対策推進法（平成15年法律第120号）が制定され[36]，ワーク・ライフ・バランスの時代がはじまる。2003年の労働政策審議会雇用均等分科会でまとめられた「仕事と家庭の両立支援対策の充実について」（労働政策審議会建議）では，①期間雇用者の育児休業の拡大，②育児休業期間の延長，③年5日の子どもの看護休暇の必要性が求められた[37]。これらをふまえて，2004年，育児・介護休業法が改正された[38]。

萌芽期において制定された育児休業法では，日々雇用者と期間雇用者は育児休業の対象から除外されていた。だが，2004年の改正において，次の3つの要件をすべて満たせば，期間雇用者の育児休業も認められるようになった[39]（表5-2）。

①　同一の事業主に引き続き雇用された期間が1年以上であること
②　子が1歳に達する日を超えて引き続き雇用されることが見込まれること
③　「子が1歳に達する日から1年を経過する日」までの間に，労働契約期間が満了し，かつ，労働契約の更新がないことが明らかである者を除くこと

この改正は，2003年の労働基準法の改正により，労働契約期間の上限が1年から3年に緩和されたことが直接の契機であるといわれている[40]。萌芽期においては，契約の上限期間が1年であった期間雇用者は，長期的な休業という育児休業の性質にはなじまない労働者としてこれまで排除されてきた。つまり，労働契約期間の上限が3年になることによって，期間雇用者を排除する根拠を失ったのである[41]。

また，2004年に改正された育児・介護休業法においては，これまで育児休業期間は子どもが1歳になるまでだったが，保育所に入れないときや負傷や病気によって養育することが困難な状態になったときなど特別の事情がある場合には，育児休業期間を1歳6カ月まで延長できるようになった[42]。さらに，これまで努力義務規定であった子どもの看護休暇は，2004年の育児・介護休業法の

表 5-2 期間雇用者の育児休業に対する要件の変化

育児・介護休業法	期間雇用者の育児休業に対する要件
2004年改正	■ 同一の事業主に引き続き雇用された期間が1年以上であること ■ 子が1歳に達する日を超えて引き続き雇用されることが見込まれること ■「子が1歳に達する日から1年を経過する日」までの間に，労働契約期間が満了し，かつ，労働契約の更新がないことが明らかである者を除くこと
2016年改正	■ 申出時点で過去1年以上継続し雇用されていること ■ 子が1歳6カ月になるまでの間に雇用契約がなくなることが明らかでないこと
2021年改正	■ 1歳6カ月までの間に契約が満了することが明らかでないこと

出典：筆者作成

改正において，病気やけがをした子どもの看護のために1年間に5日まで休暇を取得することができるようになった[43]。2007年には，雇用保険法が改正され，休業前賃金の40％とされていた育児休業給付が50％に増額された[44]。育児休業基本給付金の30％は以前と変わらないが，復帰後に支給される育児休業者職場復帰給付金が以前の10％から20％に引き上げられた[45]。

2009年の育児・介護休業法の改正では，父親も子育てができる働き方の実現をめざして，次の3つの項目において変化がみられた[46]。

1つ目は，父母ともに育児休業を取得する場合の休業可能期間の延長である。改正前の制度においては，父も母も子どもが1歳に達するまでの1年間育児休業を取得することが可能とされていたが，母（父）だけでなく父（母）も育児休業を取得する場合，休業可能期間が1歳2カ月に達するまで延長されることになった。この制度を厚生労働省では，「パパママ育休プラス」と呼んでいる。なお，父母1人ずつ取得できる休業期間（母親の場合は産後休業期間を含む）の上限は，改正前と同様1年間である。2つ目は，出産後8週間以内の父親の育児休業取得の促進である。改正前の制度では，育児休業を取得した場合，配偶者の死亡などの特別な事情がないかぎり，再度の育児休業の取得は不可能であった。しかし，2009年の改正では，配偶者の出産後8週間以内の期間内に父親が育児休業を取得した場合には，特別な事情がなくても再度の取得が可能となった。3つ目は，労使協定による専業主婦（夫）除外規定の廃止である。改正前は，労使協定を定めることにより，配偶者が専業主婦（夫）や育児

休業中である場合は，事業主は育児休業申出を拒否することができた。しかし，労使協定により専業主婦の夫などを育児休業の対象外にできるという法律の規定が廃止されることによって，すべての父親が必要に応じて育児休業を取得することができるようになった。

このほか，2009年に改正された育児・介護休業法では，子どもの看護休暇制度も拡充されている。以前の制度では，小学校就学前の子どもがいれば一律年5日とされていたが，小学校就学前の子どもが1人であれば年5日，2人以上であれば年10日の看護休暇を取得することができるようになった[47]。

2）確立期後期（2016年〜）

雇用保険法の改正を受けて，2010年には，これまで2回に分けて支給されていた「育児休業基本給付金」と「育児休業者職場復帰給付金」が統合され，育児休業給付金の全額が育児休業期間中に支給されることとなった[48]。加えて，2014年には雇用保険法が一部改正され，育児休業給付金が，育児休業を開始してから180日までは休業開始前賃金の67％に相当する額まで引き上げられることとなった[49]。ただし，181日目からは50％の給付金となる。この改正は，男女がともに仕事や子育てを両立できるよう支援することが目的とされているが[50]，どちらかといえば，経済的責任を果たすため取得したくてもなかなか取得できない男性をより意識したものであると捉えることができるだろう。

2016年の育児・介護休業法改正では，子どもの生まれた月による不公平を是正し，保育所などを利用できないために離職せざるを得ない事態を防ぐことをめざして，育児休業期間が延長されることとなった[51]。これまで，保育所に入れないなどの場合に，例外的に子どもが1歳6カ月に達するまで育児休業期間を延長することができたが，今回の法改正において，1歳6カ月に達した時点で，保育所に入れないなどの場合に再度申請することにより，育児休業期間を最長2歳まで延長できることが可能となった[52]。また，男性の育児参加を促進するために，子どもが小学校に就学する前まで利用できる育児を目的とした休暇制度を設けることに努めることが，事業主に対して求められた[53]。さらに，有期契約労働者に対する育児休業の取得要件が変わった（表5-2）。2004年改

正時には，3つあった要件が，①申出時点で過去1年以上継続し雇用されていること，②子が1歳6カ月になるまでの間に雇用契約がなくなることが明らかでないこと，の2つの要件に緩和されたのである[54]。

　2021年の育児・介護休業法改正では，①雇用環境整備および個別の周知・意向確認の措置，②有期雇用労働者の育児・介護休業取得要件の緩和，③産後パパ育休（出生時育児休業）の創設，④育児休業の分割取得，⑤育児休業取得状況の公表の義務化，の5つが主なポイントとしてあげられている[55]。それらは，3つの段階に分かれて施行されている。第1段階は，①雇用環境整備および個別の周知・意向確認の措置と②有期雇用労働者の育児・介護休業取得要件の緩和に関するもので，2022年4月1日から施行されている。そこでは，2016年改正時に2つとなった有期契約労働者に対する育児休業の取得要件が，「1歳6か月までの間に契約が満了することが明らかでないこと」という要件のみとなった（表5-2）。第2段階は，③産後パパ育休（出生時育児休業）の創設と④育児休業の分割取得にかかわるもので，2022年10月1日から施行されている（表5-3）。そこでは，子の出生後8週間以内に4週間まで取得することができる，産後パパ育休が創設されている。産後パパ育休は，2回まで分割して取得することが可能である。従来の育児休業も2回に分けて取得できるようになったため，産後パパ育休と従来の育児休業を組み合わせれば，男性は最大4回まで分割取得できるようになった。さらに，労使協定を締結している場合に

表5-3　産後パパ育休（出生時育児休業）と育児休業の分割取得

	産後パパ育休	育児休業
対象期間	子の出生後8週間以内に4週間まで取得可能	原則子が1歳（最長2歳）まで
申出期限	原則2週間前まで	原則1カ月前まで
分割取得	2回まで	2回まで
休業中の就業	労使協定を締結している場合にかぎり，労働者が合意した範囲で休業中に就業することが可能（就業日数などの上限あり）	原則就業不可

出典：厚生労働省『育児・介護休業法のあらまし（育児休業，介護休業等育児又は家族介護を行う労働者の福祉に関する法律）―令和4年4月1日，10月1日，令和5年4月1日施行対応―』（パンフレット No.18）2024，pp.3-5, https://www.mhlw.go.jp/content/11909000/000355354.pdf（2024/05/04）をもとに筆者作成

第5章　ワーク・ライフ・バランス施策の検証　97

かぎり，労働者が合意した範囲で休業中に就業することが可能であるという。第 3 段階は，⑤育児休業取得状況の公表の義務化に関連するもので，2023年 4 月 1 日から施行されている。そこでは，常時雇用する労働者数が1000人を超える事業主は，毎年少なくとも 1 回，男性の育児休業などの取得状況を公表することが求められるようになった。

　ワーク・ライフ・バランス施策の確立期における育児休業制度の特徴は，男性の育児休業取得の後押しと萌芽期に置き去りにされていた期間雇用者の育児休業の拡大の 2 つの側面から見いだすことができる。とくに，確立期の中心的なテーマは，男性の育児休業取得である。

3　育児休業取得率の推移

　図 5 - 1 は，育児休業取得率（在職中に出産した者または配偶者が出産した者に占める育児休業取得者の割合）を性別で表わしたものである。女性の育児休業取得率は，萌芽期に関してはデータが少なく比較はむずかしいものの，創成期から確立期において順調にその割合を伸ばしてきたという状況が読み取れる。2008年度の育児休業取得率は90.6％となり，はじめて 9 割を超えた。その後，やや減少した年もあるが80％を超える数値を維持している。いっぽうで，男性の育児休業取得率は，2020年度にはじめて10％を超えたものの，依然として低い状況が続いている。また，図 5 - 2 は，1995年度から2021年度までの育児休業給付金の初回受給者数を表したものである。1995年度に 5 万9603人であった女性の初回受給者数は，2021年度には37万6693人となっている。女性の育児休業給付金の受給者数は，育児休業取得率と同様に，創成期から確立期において順調に数値を増やしてきたという状況がみえてくる。いっぽう，1995年度に117人であった男性の初回受給者数は，2021年度には 6 万8034人となっている。男性の育児休業給付金取得者数は，育児休業取得率と同様に徐々に増加傾向にあるものの，女性の数値に比べれば，依然として非常に少ない数値である。図 5 - 1 と図 5 - 2 から，育児休業取得者のほとんどが女性であるという状況は，制度導入からあまり変わっていないことが読み取れる。

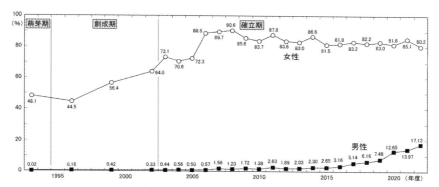

図 5-1　育児休業取得率の性別推移

注：〈調査対象〉1993年度は，30人以上の常用労働者を雇用する民営事業者のうちから一定の方法で抽出した約8000事業所。1996・1999・2002・2004・2005・2007・2008年度は，5人以上の常用労働者を雇用する民営事業所のうちから一定の方法で抽出した約1万事業所。2003・2006年度は，30人以上の常用労働者を雇用する民営企業のうちから一定の方法で抽出した約7000企業。2009年度以降は，同じ方法で抽出した約6000事業所。〈対象者〉出産者または配偶者が出産した者に占める育児休業取得者（調査対象年度の前年度1年間に本人が出産した者または配偶者が出産した者のうち，調査対象年度の10月1日までに育児休業を開始した者〈育児休業の申し出をしている者を含む〉，1993年度に関しては5月1日までに，1996年度に関しては7月1日までに育児休業を開始した者〈育児休業の申し出をしている者も含む〉）。

出典：労働省「女子雇用管理基本調査」（1993・1996年度），労働省「女性雇用管理基本調査」（1999年度），厚生労働省「女性雇用管理基本調査」（2002〜2006年度），厚生労働省「雇用均等基本調査」（2007年度以降）をもとに筆者作成

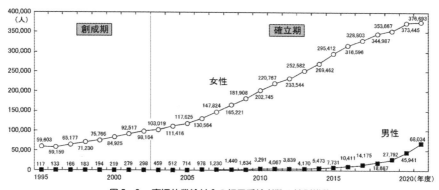

図 5-2　育児休業給付金の初回受給者数の性別推移

出典：労働省『雇用保険事業年報』（1995〜1999年度），厚生労働省『雇用保険事業年報』（2000年度以降）https://www.mhlw.go.jp/bunya/koyou/koyouhoken02/all.html（2023/08/16）をもとに筆者作成

第5章　ワーク・ライフ・バランス施策の検証　99

ただし，確立期において，若干の変化がみられた。2006年度には0.57％であった男性の育児休業取得率が，2007年度には約3倍の1.56％になったことである（図5-1）。この数値は，2003年に次世代育成支援対策推進法が制定されたことと関係がある。第3章と第4章で詳述したが，この法によって，企業は2005年4月から一般事業主行動計画の策定が求められるようになった。そして，2007年から開始された認定制度の認定基準に，「計画期間内に，男性の育児休業取得者がいること」が含まれている。これを意識した企業の取組が増加している[56]，ということであろう。とくに認定を受けようとする企業のなかには，専業主婦の妻をもつ男性も育児休業が取得できる制度にしたり，分割取得を認めたり，残っている有給休暇を消化する形で一定期間を有給にしたりと，これまでの育児休業制度を改める企業も現れてきた[57]。

　確立期の男性の育児休業取得率において，最も注目しなければならないのは，2019年度（7.48％）から2020年度（12.65％）の伸びと2021年度（13.97％）から2022年度（17.13％）からの伸びであろう（図5-1）。前者の伸びの背景には，新型コロナウイルス感染症拡大の影響でテレワークが浸透することで働き方が変容するとともに，生活や家族を重視する志向がいっそう高まったと考えられている[58]。後者の伸びの背景には，2022年10月1日から施行された産後パパ育休の影響があることは明らかである。

　前節でも述べたが，「少子化対策プラスワン」における男性の育児休業取得率の目標数値は10％である。なぜ，10％という数値が用いられたのであろうか。こども未来財団が2001年に実施した「子育てに関する意識調査」によると，「ぜひ機会があれば育児休業を取得する」という回答が7.4％，「取得する希望はあるが，現実的には難しい」という回答が36.0％となっており，育児休業を取得したいと考える男性は約4割という結果が得られている[59]。実は，この「ぜひ」と回答した7.4％が，「少子化対策プラスワン」における男性の育児休業取得率の目標値10％の根拠となった数値といわれている[60]。確立期において，男性の育児休業取得率の数値は2022年に17.13％にまで伸び，「少子化対策プラスワン」の目標値に達したことになる。また，男性の「ぜひ機会があれば

育児休業を取得したい」という強いニーズには，一応応えたという状況を窺い知ることができる。

　これまで，国の男性の育児休業取得率の目標は，時代とともに変わってきた。現在，「こども未来戦略方針」（2023年6月13日閣議決定）において，男性の育児休業取得率は2025年には50％，2030年には85％にすることを目標とする方針が示されている[61]。2025年に50％に達するかどうか，今後も注視する必要がある。

　いっぽう，女性の育児休業取得率の目標値（80％）は，2006年度に達している。しかし，この数値はもっと慎重にみなければならない。「21世紀出生児縦断調査」において具体的な数値をみてみると，2001年に生まれた子どもの母親の67.4％が，第1子出産を機に職場を去っている[62]。また，2010年に生まれた子の母親に関しては，54.1％が職場を去っていることが確認された[63]。2001年に比べて13.3ポイント減少しているものの，妊娠がわかると出産を待たずに，多くの女性が仕事を辞めていくという実態がある[64]。育児休業取得率は，出産時に在職していた女性を母数にした割合であり[65]，出産前に職場を去った多くの女性の数を除けば，当然のことながら女性の育児休業取得率は高い数値となる。

　図5-3は，出産前後の女性の就業状況を出産年別に表したものである。この図における就業継続（育休利用）の数値が，実際の女性の育児休業取得率に近い数値を表しているといえよう。第1子出生年が2000～2004年は，女性の育休利用者の割合は15.3％であった。しかし，第1子出生年2005～2009年は21.1％へ，そして2015～2019年は42.6％となり，女性の育休利用者の割合は，約20ポイントも増加している。第1子出産前有職者（就業継続〈育児休業利用〉＋就業継続〈育児休業利用なし〉＋出産退職）を100として，出産退職者の割合を図5-3のデータから算出してみると，第1子出生年2005～2009年は56.6％，2015～2019年は30.5％となっており，26.1ポイントも減少している（図5-3）。2020年以降のデータを待たなければならない側面もあるが，育休利用者の割合が増加し出産退職者の割合が減少するという傾向がみられ，やや，明るい兆し

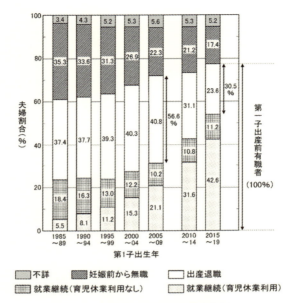

図5-3 第1子出産前後の妻の就業変化

注：（1）対象は初婚どうしの夫婦である。（2）妻の出産前後の就業変化は、下記のように定義されている。①就業継続（育児休業利用）：妊娠判明時就業～育児休業取得～子ども1歳時就業、②就業継続（育児休業利用なし）：妊娠判明時就業～育児休業取得なし～子ども1歳時就業、③出産退職：妊娠判明時就業～子ども1歳時無職、④妊娠前から無職：妊娠判明時無職～。（3）数値は合計で100になるように、「不詳」の数値で調整した。

出典：国立社会保障・人口問題研究所『第16回出生動向基本調査 結果の概要』（掲載日2022年9月9日）p.67、https://www.ipss.go.jp/ps-doukou/j/doukou16/JNFS16gaiyo.pdf（2023/08/16）をもとに筆者作成

がみえてきたといえよう。

　しかしながら、育児休業の取得は、女性にとっても男性にとってもむずかしい状況は続いているといえる。では、育児休業取得を妨げる諸問題は、どこに存在しているのであろうか。女性・男性それぞれの側から、育児休業取得の前に立ちはだかる壁を明らかにしていきたい。

4　育児休業取得の壁

（1）女性の場合

　まず、女性の側から、育児休業取得の前に立ちはだかる壁を探っていきた

い。2019年に実施された「仕事と家庭の両立支援に関する実態把握のための調査」(厚生労働省委託調査)では、末子の妊娠・出産を機に仕事をやめた理由を尋ねている[66]。正規雇用の女性のみを対象としてその割合をみてみると、「仕事を続けたかったが、仕事と育児の両立の難しさで辞めた(就業を継続するための制度がなかった場合も含む)」(30.2%)、「勤務地や転勤の問題で仕事を続けるのが難しかった」(24.4%)、「家事・育児により時間を割くために辞めた」(23.3%)、「妊娠・出産や育児を期に不利益な取り扱い(解雇、減給、降格、不利益な配置転換、契約を更新しないなど)を受けた」(18.6%)、という結果が示された[67]。

この結果は、「自発的退職」と「非自発的退職」という2つの視点から分析することができるだろう。また、ここから、制度があるが利用しないという女性側の問題と、制度があるがなかなか利用できないという組織側の問題といった2つの問題もみえてくる。

「自発的退職」は、伝統的な性別役割分業観との関連で自発的に退職することも考えられる。しかし、そこには、制度があるが利用しないという女性側の意識の問題がまったくないとは言い切れないだろう。制度があるが利用しないという女性側の意識の問題と、制度があるがなかなか利用できないという組織側の制度の問題、この2つの問題は複雑に絡み合っている。妊娠・出産を理由に仕事をあきらめたり、職場からの不当な扱いを受けたりして「非自発的退職」に追い込まれていく女性を助けていくことは重要な課題である。ただ、その課題に取り組むためには、女性側の意識の問題と組織側の制度の問題を切り離すことなく表裏一体の関係と捉えたうえで、同時に2つの問題を乗り越えていくことが求められているといえよう。どちらか一方だけの問題を指摘しても解決には至らない。

また、職場組織においては、女性のなかにある多様性に対応する必要があろう。女性のなかには、「制度を積極的に利用したい女性」や「制度はあるが利用しない女性」などさまざまなタイプが存在する。そのタイプに職場組織が対応していくことも重要である。

上述した「仕事と家庭の両立支援に関する実態把握のための調査」では，「仕事を続けたかったが，仕事と育児の両立の難しさでやめた」と回答した人を対象に両立がむずかしかった具体的理由を問うている。正規雇用の女性の回答をみてみると，「育児と両立できる働き方ができなさそうだった（できなかった）」(57.7％)，「勤務時間があいそうもなかった（あわなかった）」(46.2％)，「職場に両立を支援する雰囲気がなかった」(38.5％)，「自分の体力がもたなそうだった（もたなかった）」(23.1％)，「産前・産後休業や育児休業など育児のための休暇・休業を取れそうもなかった（取れなかった）」(19.2％)，「保育所等に子どもを預けられそうもなかった（預けられなかった）」(15.4％)，「家族がやめることを希望した」(11.5％)，「つわりや産後の不調など妊娠・出産に伴う体調不良のため」(7.7％)，「会社に産前・産後休業や育児休業の制度がなかった」(3.8％)　という結果が得られている[68]。

　ここから，①育児の負担が女性のみに強いられているのではないかという問題，②組織の育児に対する意識の低さにかかわる問題，③仕事と子育ての両立を支援する保育園などの環境にかかわる問題，などがみえてくる。では，男性にはどのような壁が立ちはだかっているのであろうか。

(2) 男性の場合

　男性の育児休業取得に対する意識や課題については，東京都産業労働局が実施している調査が参考になろう。2015年度の「東京都男女雇用平等参画状況調査」では，育児休業の対象であったが取得しなかったと回答した人に対して，育児休業を取得しなかった理由を尋ねている[69]。225名の男性の回答に注目してみると，その理由のなかで際立って多かったのが，「子をみてくれる人がいたので，休む必要がなかったから」(64.0％)であった。その他の理由には，「職場の人に迷惑がかかるから」(8.9％)，「収入が減り経済的に困るから」(6.2％)，「保育サービスを利用したから」(5.3％)，「仕事の都合がつかなかったから」(5.3％)などがあった[70]。このデータは，2015年に実施された調査から得られたものである。そう大きな変更はないと思われるが，新たなデータを今

後確認していく必要がある。

　2023年度の「東京都男女雇用平等参画状況調査」では，事業所と従業員に対して，「男性従業員の育児休業取得に当たっての課題」を尋ねている[71]。事業所の回答では，「代替要員の確保が困難」（73.2％）が最も多く，次いで，「休業中の賃金補償」（39.5％），「男性自身に育児休業を取る意識がない」（30.2％），「前例（モデル）がない」（21.7％），「社会全体の認識の欠如」（15.8％），「職場がそのような雰囲気ではない」（15.3％）の順に割合が高かった[72]。いっぽう，男性従業員の回答では，「代替要員の確保が困難」が（66.5％），「休業中の賃金補償」（59.6％），「職場がそのような雰囲気ではない」（37.7％），「男性自身に育児休業を取る意識がない」（35.7％），「社会全体の認識の欠如」（33.3％），「キャリア形成において不利になる懸念」（31.8％），「前例（モデル）がない」（30.3％）という結果となっている[73]。

　類似する結果は，ほかの調査においてもみられるが，男性の育児休業取得推進においては，①代替要員確保の必要性，②経済問題の解決，③上司や同僚の理解の促進，④男性の育児意識の啓発，などが重要課題となっている[74]。

　男性の育児休業に関して，「問題は育休法がわが国の多くの家庭の実態に合っていないことにある」と指摘されることがある[75]。日本の男性の働き方にあった育児休業制度のあり方を模索することも考えなければならない[76]。なぜなら，第1子出産を機に多くの女性が職場を去っていくということは，男性が育児休業を取得するときは，多くの家庭は専業主婦である妻が育児を担っているからである。2015年度の東京都の調査で，「子をみてくれる人がいたので，休む必要がなかったから」という理由が最も多かったことをみてきたが，ここでいう「子をみてくれる人」いうのは，まぎれもなく彼らの妻なのである。そして，当然のことながら，この間は，夫の収入が家計を支えることになる。

　このような状況をふまえると，男性にとっての育児休業取得の前に立ちはだかる最も大きな壁は，経済的な問題ということになろう。夫の収入が家計を支えている家庭が多くを占める状況のなかで，夫が育児休業を取得することは，家計の圧迫につながっていくことになる。第2節で述べたように，育児休業給

付は徐々に増加しつつあり，現在では育児休業を開始してから180日までは休業開始前賃金の67％に相当する額が支給されている。今後，男性の育児休業取得にどのような影響が出てくるのか，その影響が注目されているといえよう。また，上述したとおり，2022年から，産後パパ育休と従来の育児休業を組み合わせれば，男性は最大で4回まで分割取得できるようになった。その変更が，日本の多くの家庭の実態に合ったものとなっているのか，今後も見守っていく必要がある。

5　ワーク・ライフ・バランス施策の検証

　育児休業にかかわる制度の変遷を，萌芽期・創成期・確立期の時期区分を土台として，レビューする作業を通してみえてきたことは，萌芽期に残してきた課題を確実にクリアにしてきたことである。例えば，創成期の育児給付金の実施や，確立期の期間雇用者の育児休業の拡大などである。そして，ワーク・ライフ・バランスという言葉がはじめて登場した確立期には，男性の育児休業取得の充実に向けて，日本の男性の働き方にあった育児休業制度のあり方の模索がはじまった。制度自体は確実に新しいステージに入っていったと捉えることができる。

　その一方で，育児休業取得率はどうであろうか。総じて，育児休業制度自体は充実してきていると思われるが，男性の育児休業取得率の数値に大きな影響があったとは考えられない。女性の育児休業取得率に関しては，確立期において増加傾向を確認できたものの，ワーク・ライフ・バランスの概念の登場によって，確立期にファミリー・フレンドリーが充実したとはいい難い。現在の段階では，少子化対策の効果を見いだすことはむずかしい。

　ファミリー・フレンドリーからワーク・ライフ・バランスへの変化の背景には，子どものいない人々の生活（学習活動・地域活動・ボランティア活動）も重視することによって，子育てを担う人々の仕事と子育ての両立にかかわる制度利用が促進されるのではないかという期待もあった。しかし，ファミリー・フレンドリーからワーク・ライフ・バランスへと言葉を変えたとしても，日本社

会において伝統的な性別役割分業観が根強く残っている状況では，育児休業取得は男性にとっても女性にとっても容易なことではない。ワーク・ライフ・バランス推進を妨げる伝統的な性別役割分業観の固定化の問題，結局のところ，この問題に突き当たる。

　近年，アンコンシャス・バイアス（unconscious bias）という言葉をよく耳にするようになった（補論参照）。これは，日本語で「無意識の偏ったモノの見方」のことで，ほかに「無意識の思い込み」「無意識の偏見」「無意識バイアス」などと表現される[77]。国の「第5次男女共同参画基本計画──すべての女性が輝く令和の社会へ──」において，男女共同参画推進がなかなか進まない要因の1つとして，「社会全体において固定的な性別役割分担意識や無意識の思い込み（アンコンシャス・バイアス）が存在していること」があげられている[78]。固定的な性別役割分担意識の解消をめざして登場したのが，アンコンシャス・バイアスである。アンコンシャス・バイアスの解消が，日本社会に根強く残る固定的な性別役割分担意識の解消にどう貢献していくのか，今後も見守っていく必要がある。

　なお，2024年3月12日，第213回国会（令和6年常会）において，育児・介護休業法と次世代育成支援対策推進法の一部を改正する法律案が提出された[79]。そこから，男性の育児休業取得を促進する制度改正の動きが活発化している状況がみえてくる[80]。育児・介護休業法の改正によって，2021年には，従業員1000人を超える企業に求められていた男性の育児休業取得状況の公表義務は，300人を超える企業にまで広がることになりそうである。また，次世代育成支援対策推進法の改正によって，従業員が100人を超える企業を対象に，男性の育児休業に関する数値目標設定が義務づけられることになりそうである。すでに述べたことであるが，国は，2025年の男性の育児休業取得率の目標を50％と定めている。その数値をかなり意識している，ということであろう。

　育児・介護休業法を改正する法律案では，そのほかにもいくつか重要な変更点が示されている[81]。3歳未満の子どもを育てている人に対しては，企業の努力義務の内容にテレワークが追加され，3歳から小学校就学前までの子どもを

育てている人に対しては，柔軟な働き方を実現するための制度として，始業時刻などの変更・テレワーク・短時間勤務・新たな休暇の付与などの制度を2つ以上準備することが義務づけられることになるであろう。育児・介護休業法が改正されたら，上記の内容を表5-1に加える予定である。

これまで，男性の育児休業に関しては，取得率のみに目を向けてきたが，取得率に加えて取得日数にも目を向けていくことが，次のステージでは肝要な視点となることを，本章の最後に明記しておきたい。

■ 注 ■

1) 藤井龍子「育児休業法制定の背景とその概要」『季刊労働法』163号，1992，p.30.
2) 労働省『勤労婦人福祉法案関係資料』（1972年第68回通常国会）による。
3) 石川透「女子労働者の福祉の増進と地位の向上を図る―雇用の分野における男女の均等な機会及び待遇の確保を促進するための労働省関係法律の整備等に関する法律―」『時の法令』No.1265，1985，p.7.
4) 藤井龍子，前掲，p.30.
5) 内藤忍「両立支援に関わる法制度」佐藤博樹編集代表『ワーク・ライフ・バランス―仕事と子育ての両立支援―』ぎょうせい，2008，p.283.
6) 坂本哲也「雇用に関する総合的機能を有する雇用保険制度の創設―雇用保険法―」『時の法令』No.893，1975，p.1，p.4.
7) 同上，p.11.
8) 濱口桂一郎『労働法政策』ミネルヴァ書房，2004，p.399.
9) 矢邊學「育児休業をめぐる問題」『比較法制研究』（國士舘大學比較法制研究所）第17号，1994，p.36.
10) 藤井龍子，前掲，p.38.
11) 同上．
12) 同上．
13) 内藤忍，前掲，p.288.
14) 藤井龍子，前掲，p.43.
15) 森田陽子「育児休業法と女性労働」橘木俊詔・金子能宏編『企業福祉の制度改革』東洋経済新報社，2003，p.89.
16) 同上．
17) 阿部正浩「誰が育児休業を取得するのか―育児休業制度普及の問題点―」国立社会保障・人口問題研究所編『子育て世帯の社会保障』東京大学出版，2005，p.244.
18) 森田陽子，前掲，pp.89-90.
19) 阿部正浩，前掲，p.244.
20) 奥山明良「法政策としての職業生活と家庭生活の両立支援問題―両立支援法制の変遷と今後の政策課題―」『成城法学』73号，2005，p.153.
21) 森田陽子，前掲，p.90.
22) 奈尾基弘「雇用保険法等の一部を改正する法律について」『ジュリスト』No.1052，1994，p.131.
23) 阿部正浩，前掲，p.244.
24) 奈尾基弘，前掲，p.132.
25) 森田陽子，前掲，p.90.
26) 同上，p.91.

27）人口問題審議会『少子化に関する基本的考え方について―人口減少社会，未来への責任と選択―』1997，p.22.
28）少子化対策推進関係閣僚会議「少子化対策推進基本方針」1999，https://www.mhlw.go.jp/www2/topics/topics/syousika/syousika02.pdf（2024/05/13）.
29）「重点的に推進すべき少子化対策の具体的実施計画について」（大蔵・文部・厚生・労働・建設・自治6大臣合意）1999，https://www.mhlw.go.jp/www2/topics/topics/syousika/angel03.htm（2024/05/13）.
30）石垣健彦「雇用保険法等の一部を改正する法律について」『ジュリスト』No.1185，2000，p.72.
31）厚生労働省雇用均等・児童家庭局職業家庭両立課「改正育児・介護休業法について」『労働時報』2002年2月号，p.42.
32）内藤忍，前掲，p.294.
33）厚生労働省『少子化対策プラスワン―少子化対策の一層の充実に関する提案―』2002，pp.1-2.
34）同上，p.4.
35）濱口桂一郎，前掲，p.418.
36）安藤英樹「次世代育成支援対策の取組①―地方公共団体及び企業等による行動計画の策定による次世代育成支援対策の推進―」『時の法令』No.1715，2004，pp.28-31.
37）厚生労働省報道発表資料による（http://www.mhlw.go.jp/houdou/2003/12/h1225-6.html；2024/05/13）．
38）濱口桂一郎，前掲，p.419.
39）厚生労働省『育児・介護休業法のあらまし（育児休業，介護休業等育児又は家族介護を行う労働者の福祉に関する法律）』（パンフレット No.10，2004年の育児・介護休業法改正後に作成された資料）https://www.wam.go.jp/gyoseiShiryou-files/documents/2007/18187/20070912_1sankou1_1.pdf（2024/05/05）.
40）内藤忍，前掲，p.296.
41）同上．
42）田中佐智子「育児休業・介護休業の対象範囲の拡大及び子の看護休暇制度の創設―育児休業，介護休業等育児又は家族介護を行う労働者の福祉に関する法律等の一部を改正する法律―」『時の法令』No.1736，2005，pp.9-10.
43）同上，p.11.
44）職業安定局雇用保険課「雇用保険等の一部を改正する法律について」『厚生労働』7月号，2007，pp.54-55.
45）同上，p.55.
46）厚生労働省雇用均等・児童家庭局職業家庭両立課「改正育児・介護休業法」『厚生労働』8月号，2009，p.17-21；同「改正育児・介護休業法の解説―子育て期の短時間勤務制度及び残業の免除制度の義務化，男性の育児休業の取得促進，仕事と介護の両立支援，実効性の確保等―」『時の法令』No.1851，2010，pp.14-16.
47）厚生労働省雇用均等・児童家庭局職業家庭両立課「改正育児・介護休業法」前掲，p.19.
48）渡邊絹子「育児有業給付の意義と課題」『週刊社会保障』No.2771，2014，p.46．2009年の雇用保険法改正案のもととなった『雇用保険部会報告書』では，「育児休業基本給付金」と「育児休業者職場復帰給付金」を統合することについて，検討した結果を次のようにまとめている。「育児休業中の所得保障の観点からは望ましいとする意見もある一方で，職場復帰率が8割半ばで推移しており，雇用の継続を図り，職場復帰を支援することを目的とし，雇用保険制度で措置している育児休業給付の趣旨からは，両給付を統合することには慎重であるべきとの意見や統合するのであれば休業後に復帰しない場合は職場復帰給付金分を返還することも盛り込んだ制度とすべきとの意見がある。しかしながら，雇用の継続を図ろうとする育児休業取得者に対する支援としては，育児休業給付以外にはないのが現実であり，育児休業取得促進に果たす育児休業給付の役割にも強い期待があることをふまえれば，これを統合し，休業中に支給することもやむを得ないものと考える」（労働政策審議会職業安定分科会雇用保険部会『雇用保険部会報告書』2009年1月7日，p.4，https://www.mhlw.go.jp/houdou/2009/01/dl/h0107-1a.pdf；2024/05/13）。給付金の一元

化という結論に達するまで，慎重に議論が重ねられたことがうかがえる．
49)「改正雇用保険法等の施行通達」『労働法令通信』No.2349，2014，pp.14-15．
50) 同上，p.14．
51) 厚生労働省職業安定局雇用保険課ほか「失業等給付の拡充，失業給付に係る保険料の引下げ，育児休業に関わる制度の見直し等—雇用保険法等の一部を改正する法律—」『時の法令』No.2036，2017，p.41．
52) 同上．
53) 同上，p.42．
54) 厚生労働省「育児・介護休業法が改正されます！—平成29年1月1日施行—」(2016年6月作成リーフレット No.2) https://jsite.mhlw.go.jp/ishikawa-roudoukyoku/library/ishikawa-roudoukyoku/kinto/pdf/ikuji_h28_06.pdf（2024/05/05）．
55) 厚生労働省『育児・介護休業法のあらまし（育児休業，介護休業等育児又は家族介護を行う労働者の福祉に関する法律）—令和4年4月1日，10月1日，令和5年4月1日施行対応—』（パンフレット No.18）2024，pp.3-5，https://www.mhlw.go.jp/content/11909000/000355354.pdf（2024/05/04）．
56) 武石恵美子「両立支援制度と制度を活用しやすい職場づくり」佐藤博樹編集代表『ワーク・ライフ・バランス—仕事と子育ての両立支援—』前掲，p.40．
57) 武石恵美子「次世代育成支援の理念と動向」『季刊労働法』213号，2006，p.6．
58) 久我尚子「男性の育休取得の現状—『産後パパ育休』の2022年は17.13％，今後の課題は代替要員の確保や質の向上—」2023，https://www.nli-research.co.jp/report/detail/id/75926?pno=2&site=nli（2024/05/05）．
59) こども未来財団『平成12年度子育てに関する意識調査事業調査報告書』2001，p.77；なお，「子育てに関する意識調査」は，0～15歳の子どもをもつ子育て層（女性1600人と男性1600人）を対象として実施された．女性の有効回答数は499（回収率：31.2％），男性の有効回答数は378（23.6％）であった．
60) 武石恵美子「次世代育成支援の理念と動向」前掲，pp.5-6．
61)「こども未来戦略方針—次元の異なる少子化対策の実現のための『こども未来戦略』の策定に向けて—」(2023年6月13日閣議決定) p.20，https://www.cas.go.jp/jp/seisaku/kodomo_mirai/pdf/kakugikettei_20230613.pdf（2024/06/18）．
62) 厚生労働省「第1回21世紀出生児縦断調査」による（http://www.mhlw.go.jp/toukei/saikin/hw/syusseiji/01/index.html；2024/05/05）．2001年から2002年にかけて実施されたこの調査の対象は，全国の2001年1月10日から17日の間および7月10日から17日の間に生まれた子どもである．1月出生児の配布数は26,620（回収数：23,421，回収率：88.0％），7月出生児の配布数は26,955（回収数：23,589，回収率：87.5％）となっている．
63) 厚生労働省「第1回21世紀出生児縦断調査（平成22年出生児）」による（http://www.mhlw.go.jp/toukei/saikin/hw/shusshoujib/01/index.html；2024/05/05）．2010年に行われたこの調査の対象は，全国の2010年5月10日から24日に生まれた子どもである．配布数は4万3767（回収数：3万8554，回収率：88.1％）であった．
64) 武石恵美子「両立支援制度と制度を活用しやすい職場づくり」前掲，p.40．
65) 同上．
66) 三菱UFJリサーチ＆コンサルティング『仕事と育児等の両立に関する実態把握のための調査研究事業—労働者アンケート調査結果報告書—』（平成30年度厚生労働省委託調査）2019，p.8（参考資料1）；この調査の対象者は，末子が3歳未満の男女（男性正社員・女性正社員・女性非正社員）で，サンプル数は，それぞれ1000である．男性正社員と女性正社員の回収数は1000，女性非正社員の回収数は877となっている（https://www.mhlw.go.jp/content/11900000/000534372.pdf；2024/05/06）．
67) 同上，p.26．
68) 同上，p.27．
69) 東京都産業労働局『平成27年度東京都男女雇用平等参画状況調査結果報告書』2016，p.88．こ

の調査は，事業所調査と従業員調査が実施されている。事業所調査では，都内全域（島しょを除く）の従業員規模30人以上の事業所2500が対象となっている（有効回答数は746，有効回収率は29.8％）。従業員調査は，その事業所で働く従業員男女各2500人が対象となっている。男性の有効回答数は650（有効回収率：26.0％）で，女性の有効回答数は672（有効回収率：26.9％）であった；http://www.sangyo-rodo.metro.tokyo.jp/toukei/koyou/27danjo_all.pdf（2024/05/06）。

70) 同上，p.51.

71) 東京都産業労働局『令和5年度東京都男女雇用平等参画状況調査結果報告書』2024，p.92，p.101．調査対象は，注69）で紹介した平成27年度の調査と同じである。事業所調査の有効回答数は622（有効回収率：24.9％），従業員調査の男性の有効回答数は544（有効回収率：21.8％），女性の有効回答数は，586（有効回収率：23.4％）である；https://www.sangyo-rodo.metro.tokyo.lg.jp/toukei/koyou/648b0b331f3724bae05e60d13774e988.pdf（2024/05/06）。

72) 同上，p.46.

73) 同上，p.72.

74) 松田茂樹「男性の育児休業取得はなぜ進まないか―求められる日本男性のニーズに合った制度への変更―」『LifeDesign REPORT』2006，11-12，pp.32-33；http://group.dai-ichi-life.co.jp/dlri/ldi/watching/wt0611a.pdf（2024/05/07）；男性の育児休業に関しては，佐藤博樹・武石恵美子『男性の育児休業―社員のニーズ，会社のメリット―』中公新書，2004；小室淑恵・天野妙『男性の育休―家族・企業・経済はこう変わる―』PHP研究所，2020；平野翔大『ポストイクメンの男性育児―妊娠初期から始まる育業のススメ―』中公新書ラクレ，2023なども参照されたい。

75) 松田茂樹「それでも男性の育児休業が増えない理由」『LifeDesign REPORT』2012，1，pp.32-33，https://www.dlri.co.jp/pdf/ld/01-14/wt1201.pdf（2024/05/07）．

76) 松田茂樹「男性の育児休業取得はなぜ進まないか―求められる日本男性のニーズに合った制度への変更―」前掲，pp.33-34．

77) 内閣府男女共同参画局「アンコンシャス・バイアスへの気づきは，ひとりひとりがイキイキと活躍する社会への第一歩」『共同参画』2021年5月号，p.2，https://www.gender.go.jp/public/kyodosankaku/2021/202105/pdf/202105.pdf（2024/05/07）．

78) 「第5次男女共同参画基本計画―すべての女性が輝く令和の社会へ―」（令和2年12月25日閣議決定）p.1，https://www.gender.go.jp/about_danjo/basic_plans/5th-2/pdf/print.pdf（2024/05/07）．

79) 厚生労働省「第213回国会（令和6年常会）提出法律案」https://www.mhlw.go.jp/stf/topics/bukyoku/soumu/houritu/213.html（2024/05/18）．

80) 厚生労働省「育児休業，介護休業等育児又は家族介護を行う労働者の福祉に関する法律及び次世代育成支援対策推進法の一部を改正する法律案の概要」（2024年3月12日提出）https://www.mhlw.go.jp/content/001222652.pdf（2024/05/18）．

81) 同上．

終章　ワーク・ライフ・バランスと生涯学習

1　すべての働く人々を対象としたワーク・ライフ・バランスをめざして

　ワーク・ライフ・バランスにおいて対象となるのは，すべての働く人々である。生活のなかに，学習活動・地域活動・ボランティア活動などが加わり，ワーク・ライフ・バランスは，すべての働く人々にとって意味のある言葉として捉えられるようになった。そして，生活のなかに加わった学習活動・地域活動・ボランティア活動などは，すべて生涯学習と関係が深い。

　生涯学習を推進するうえで，これまで中心的な役割を果たしてきたのは社会教育である。社会教育において，地域課題解決は最も重要な課題である。その影響を受けて，生涯学習の領域においても，地域にかかわる課題は，これまでも重要な問題として取り上げられてきた。また，生涯学習の領域では，社会教育と同様にボランティア活動もしばしば注目されてきた。なぜならば，生涯学習・社会教育・ボランティア活動の原理・原則には，自発性を重視するという共通点があるからである。

　繰り返しとなるが，生活のなかに加わった学習活動・地域活動・ボランティア活動などと生涯学習の関係は密接である。つまり，生涯学習に力を注いでいくことが，すべての働く人々のワーク・ライフ・バランスの実現へとつながっていくのである。すべての働く人々のワーク・ライフ・バランスの実現をめざすためには，生涯学習が重要となる。その考えを基本として，終章では，ワーク・ライフ・バランスと生涯学習の接点を明らかにしながら，その関係を論じていく。具体的には，ワーク・ライフ・バランスと学び，ワーク・ライフ・バランスと地域活動，ワーク・ライフ・バランスとボランティア活動の流れで展開する。それらをふまえたうえで，すべての働く人々を対象としたワーク・ライフ・バランスの実現をめざすために，生涯学習との関連で議論すべきことを整理する。

2　ワーク・ライフ・バランスと学び

(1) 重要な3つの学び―学習の成果を生かす―

　2006年に改正された教育基本法（昭和22年法律第25号）において，「国民一人一人が，自己の人格を磨き，豊かな人生を送ることができるよう，その生涯にわたって，あらゆる機会に，あらゆる場所において学習することができ，その成果を適切に生かすことのできる社会の実現が図られなければならない」とする生涯学習の理念（第3条）が盛り込まれた。教育基本法において，「いつでも，どこでも，だれでも学ぶことができる社会」と「学習の成果を生かすことができる社会」の構築をめざしていくことが明記されたのである。生涯学習の理念に盛り込まれた「学習の成果を生かす」という観点からワーク・ライフ・バランスを見渡したとき，次の3つの学びに注目していく必要がある。

　第1は，ワークにおける学びである。具体的には，仕事をしながら学ぶOJT（On the Job Training）や職場から離れた場所（社内・社外）で学ぶOff JT（Off the Job Training）などが考えられる。そのほか，学ぶ者の自発的な学習動機や自由な学習意思を原点として企業内教育を組み立てていこうとする，自己啓発（self-development）という考え方も含まれる。ワークにおける学びは，仕事で学ぶことだけではなく，仕事で学んだことを仕事に生かしていくことも視野に入れなければならない。また，昨今，働き方改革や新型コロナウイルス感染症拡大の影響で副業が注目されているが[1]，そこに目を向けてみると，本業と副業との関係で学びをみていくことも必要となる。本業で学んだ成果を副業に生かしていく，副業で学んだ成果を本業で生かしていく，つまり，本業と副業の学びの相互作用も重要な視点となってくるわけである。

　第2は，ライフにおける学びである。ここでは，子育てや介護での学び，地域・ボランティア活動などでの学び，学習活動（大学・大学院などの社会人入学など）が含まれる。子育てや介護で学んだことを子育てや介護に生かしていくことはもちろんであるが，そこで得た学びを地域活動やボランティア活動に生かしていくことも考えなければならない。

　第3は，ワークとライフとの関連でみる学びである。具体的には，仕事で学

んだことを子育て・介護・地域活動・ボランティア活動に生かしていくこと，子育て・介護・地域活動・ボランティア活動で学んだことを仕事に生かしていくことなどが考えられる。大学・大学院などで学んだことを仕事に生かしていくこと，仕事で学んだことを大学・大学院の学びに生かしていくことも，もちろん含まれる。

　上述した3つの学びに注目しそれらを支援していくことが，ワーク・ライフ・バランスと生涯学習を考えていくうえで基礎となる。とくに，ワーク・ライフ・バランスにとって重要な学びは，第3のワークとライフとの関連でみる学びである。その学びの相乗効果に着目する必要がある。

(2) リカレント教育の概念─OECDを中心として─

　生涯学習の領域では，しばしばリカレント教育（recurrent education）という言葉が登場する。この言葉は，ライフにおける学習活動（大学・大学院などの社会人入学など）と深いかかわりがある。

　元来，リカレント教育は，スウェーデンの経済学者レーン（Gösta Rehn）が提唱し，1969年にベルサイユで開催されたヨーロッパ文部大臣会議で，スウェーデンの文部大臣パルメ（Olof Palme）がその用語を用いたといわれている[2]。その後，1970年代に入って，OECD（Organisation for Economic Co-operation and Development：経済協力開発機構）のCERI（Center for Educational Research and Innovation：教育研究革新センター）が，生涯学習を具体的に推し進めていくためにリカレント教育を取り上げてきた[3]。生涯学習は，1965年，ユネスコ（UNESCO：United Nations Educational, Scientific and Cultural Organization：国際連合教育科学文化機関）の成人教育推進国際委員会でのラングラン（Paul Lengrand）の提言 "éducation permanente" に由来している[4]。これまで，リカレント教育は，生涯学習（生涯教育）との関連で展開されてきたという歴史がある。それゆえ，生涯学習と切り離して語ることはできない。

　1973年，OECDは，リカレント教育を「義務教育もしくは基礎教育以降のあらゆる教育を対象とする包括的な教育戦略である。その本質的な特徴は，個

人の全生涯にわたって教育を回帰的に，つまり，教育を，仕事を主として余暇や引退などといった諸活動と交互にクロスさせながら，分散することである」と定義した[5]。そこでは，従来のように人生の初期に教育が完結する「フロント・エンド・モデル」ではなく，学校教育を終了したあとにもそれぞれの学習の必要に応じて，人生のあらゆる段階に教育の機会が得られる「リカレント・モデル」の重要性が示されたのである[6]。リカレントという言葉がもつ回帰・還流・循環という意味には，人生の隅々に教育を還流させようとする考え方があり[7]，教育と他の諸活動，とくに働くことを交互に繰り返すところに，リカレント教育の特徴を見いだすことができよう[8]。

(3) 日本におけるリカレント教育の歴史的展開—生涯学習との関連で—

佐々木英和は，日本においてリカレント教育が注目された時代は，約20年ごとのスパンで3回ほど存在すると捉えている[9]。第1期は1970年代前半であり，「リカレント教育の理論的導入期」と呼ばれている[10]。1973年にOECDがリカレント教育を定義したことは上述したが，その報告書が日本で訳出された1974年は，第1期に含まれている[11]。第2期は1990年代前半であり，「日本型リカレント教育の実践的模索期」と名づけられている[12]。第3期は2010年代後半であり，「リカレント教育の国策的看板期」と呼ばれている[13]。ここからは，第2期と第3期に沿って詳細を述べる。

まず，「日本型リカレント教育の実践的模索期」と名づけられている第2期（1990年代前半）である。ここで取り上げなければならないのは，リカレント教育の定義や機能が示された1992年の『今後の社会の動向に対応した生涯学習の振興方策について』（生涯学習審議会答申）であろう。だがしかし，それ以前にもリカレント教育に関連した記述はいくつかみられる。

例えば，1971年に提出された『急激な社会構造の変化に対処する社会教育のあり方について』（社会教育審議会答申）では，成人に対する社会教育の課題の1つとして，「大学，高等学校等が，開放講座，通信教育，放送教育，夜間制などを通して，成人一般に教育の機会を提供するとともに，実生活を経験した

成人が，その学習意欲に応じて，適宜，卒業後，再入学できる制度を設ける必要がある」（下線は筆者による：本章以下同じ）と述べられている[14]。下線部分は，「リカレント・モデル」を支えていくために必要なものである。1981年の『生涯教育について』（中央教育審議会答申）で，リカレント教育という言葉が登場する。そこでは，OECDが提唱したリカレント教育は，ユネスコが提唱した生涯教育の考え方によるものであるという記述がみられる[15]。ここから，リカレント教育は生涯教育との関連で展開されていくということを読み取ることができる。

また，1985年の『教育改革に関する第一次答申』（臨時教育審議会答申）では，「人生の各段階に応じた学習機会の整備や，自ら学ぶ意欲にこたえるための高等学校，短期大学，大学，専修学校などへの社会人受け入れ制度（教育・訓練休暇，リカレント制を含む）の在り方，各種の教育機関相互や職業訓練機関などとの連携と体系化，資格制度，企業内教育・訓練の在り方，さらにカルチャーセンターなど成人の教養教育を含む生涯学習の体系」について検討することが求められた[16]。下線部分からは，リカレント教育と教育・訓練休暇の密接な関係を読み取ることができる。1986年の『教育改革に関する第二次答申』（臨時教育審議会答申）では，生涯にわたる学習機会の整備のなかで，「大学・高等学校等は，現状ではフルタイム学習の若者向けのシステムという性格が強くなっているが，今後における社会の変化に対応し，人生の初期だけでなく，いつでも学べる機関として機能していくように改める」ことの重要性が明記された[17]。下線部分の表現は，OECDのリカレント教育の考え方をかなり意識したものと考えられる。

このような流れを経て，リカレント教育は，上述した1992年の生涯学習審議会答申のなかで前面に押し出されることになる。そこでは，リカレント教育を「職業人を中心とした社会人に対して学校教育の終了後，いったん社会に出た後に行われる教育であり，職業から離れて行われるフルタイムの再教育のみならず，職業に就きながら行われるパートタイムの教育も含む」と捉えている[18]。1973年にOECDが定義したリカレント教育は，フルタイムの教育が基

本となっていたが，1992年の生涯学習審議会答申では，リカレント教育にはパートタイムの教育も含まれている[19]。これは，なぜだろうか。1987年にOECDから出された報告書に，「リカレント教育は，リカレント・ワークを意味する。そして，これはほとんどの人が選択し利用できるパターンではない」[20]という記述がある。さらに，そこでは，アメリカ・オーストラリア・カナダ・英国を例にあげながら，欧米における成人のパートタイム教育機会の広がりについても論じられている[21]。これらの内容から，リカレント教育におけるフルタイム教育の限界がひしひしと伝わってくる。1992年の生涯学習審議会答申にパートタイム教育が含まれているのは，1987年のOECD報告書の影響を受けたためではないだろうか。

さらに，1992年の生涯学習審議会答申によると，リカレント教育は3つの機能があるという[22]。1つ目は，社会の変化に対応する専門的で高度な知識・技術のキャッチアップやリフレッシュのための教育機能，2つ目は，すでに一度学校や社会で学んだ専門分野以外の幅広い知識・技術や，新たに必要となった知識・技術を身につけるための教育機能，3つ目は，現在の職業や過去の学習歴・学習分野に直接のかかわりのない分野の教養を身につけ，人間性を豊かにするための教育機能である。

かつて，リフレッシュ教育という言葉が，使われている時期があった。この言葉は，1992年，文部省（当時）の調査研究会によってはじめて提言された用語である[23]。それは，「社会人・職業人が，新たな知識・技術を習得したり，陳腐化していく知識・技術をリフレッシュするため，高等教育機関（大学院・大学・短期大学・高等専門学校）において行う教育」を意味しているという[24]。リフレッシュ教育は，前の段落で述べた1つ目と2つ目のリカレント教育の機能を有した教育であるといえよう。ここから，リフレッシュ教育は，リカレント教育をさらに限定化した概念であったことがわかる。なお，リフレッシュ教育という言葉は，現在は用いられていない[25]。

(4) リカレント教育の新たな段階—学び直しとの関連で—

続いて，第3期（2010年代後半）であるが，ここで取り上げなければならないのは，2017年に設置された人生100年時代構想会議による「人づくり革命基本構想」である。この基本構想において，リカレント教育は，「人づくり革命」の具体的な8つの柱の1つとして盛り込まれた。そこでは，「より長いスパンで個々人の人生の再設計が可能となる社会を実現するため，何歳になっても<u>学び直し</u>，職場復帰，転職が可能となるリカレント教育を抜本的に拡充する」と説明されている[26]。また，「人づくり革命基本構想」の第5章において，「リカレント教育は，人づくり革命のみならず，生産性革命を推進するうえでも，鍵となるものである。リカレント教育の受講が職業能力の向上を通じ，キャリアアップ・キャリアチェンジにつながる社会をつくっていかなければならない」と記し，具体的な項目として，「教育訓練給付の拡充」「産学連携によるリカレント教育」「企業における中途採用の拡大」の3つが示されている[27]。

「産学連携によるリカレント教育」には，「長期の教育訓練休暇におけるリカレント教育に対する助成」が含まれている。そこでは，「企業が長期の教育訓練休暇制度を導入し，社員が休暇を取得して<u>学び直し</u>をした場合に，企業に対して，人材開発支援助成金による支援を新たに行う。また，従業員の<u>学び直し</u>，副業・兼業に向けた社会的気運を醸成する」と明記されている[28]。下線で示したとおり，この基本構想では，学び直しという言葉が3回も登場している。つまり，2010年代後半におけるリカレント教育は，学び直しとの関連で語られているのである[29]。

2020年4月9日，規制改革推進会議[30]のワーキング・グループ会議において，文部科学省がリカレント教育の取組に関する資料を提出している（図6-1）。そこでは，リカレント教育の充実に関する3つの省庁の具体的な施策が明記されている。文部科学省は，大学・専修学校などを活用したリカレント教育プログラムの充実をめざし，厚生労働省は，労働者・求職者の職業安定に資するための職業能力開発，環境整備のための支援を行い，経済産業省は，日

リカレント教育の充実に関する関係省庁の施策
関係省庁の役割分担のもと，各施策を有機的に連携・充実し，個人のキャリアアップ・キャリアチェンジ，企業の競争力向上に資するリカレントプログラムの開発・展開を促進

労働者・求職者の職業の安定に資するための職業能力開発，環境整備のための支援　厚生労働省	日本の競争力強化に向けた環境・気運の醸成　経済産業省
● 一人ひとりのライフスタイルに応じたキャリア選択の支援 ・キャリアコンサルティングの充実（「セルフ・キャリアドック」導入支援など） ● 労働者・求職者のリカレント教育機会の充実 ・IT理解・活用力習得のための職業訓練の開発・実施 ・雇用保険に加入できない短時間労働者などへの職業訓練コースの充実，訓練時間の下限見直し ・企業がeラーニングを活用して従業員に対して行う教育訓練への助成 ・教育訓練給付の拡充（専門実践教育訓練給付の対象講座拡大，特定一般教育訓練についての指定基準の創設） ・教育訓練の指導人材の育成 ● 学び直しに資する環境の更なる整備 ・長期の教育訓練休暇制度を導入した企業への助成 ・新規かつ実践的で雇用対策として効果的で必要性の高い教育訓練プログラムの開発など ● 転職が不利にならない柔軟な労働市場や企業慣行の確立 ・「年齢にかかわりない転職・再就職の受入れ促進のための指針」策定	● 価値創出の源泉である人材力の強化・最適活用の実現 ・「人生100年時代の社会人基礎力」の策定 ・中小企業における海外展開を担う人材の育成を支援 ・社会課題の解決による実践的能力開発プログラムの開発 ● IT・IT利活用分野の拡充支援 ・IT人材育成・スキル転換促進 （第四次産業革命スキル習得講座認定制度の大臣認定講座数の拡充） ・ITスキル評価のための国家試験の実施など
	実践的な能力・スキルの習得のための大学・専修学校などを活用したリカレント教育プログラムの充実　文部科学省
	● 大学・専修学校などの教育機関における「リカレントプログラム」の拡充に向けた支援 ・産学連携による実践的なプログラム開発支援（短期，オンライン含む） ・実務家教員によるリカレント教育推進のための専門人材の育成 ・実践的短期プログラムに対する大臣認定の促進（職業実践力育成プログラム（BP），キャリア形成促進プログラム） ● リカレント教育推進のための学習基盤の整備 ・女性のキャリアアップに向けた学び直しとキャリア形成の一体的支援 ・社会人向け講座情報へのアクセス改善など

図6-1　リカレント教育に関する関係省庁の施策

出典：文部科学省「文部科学省におけるリカレント教育の取組について」（第9回 雇用・人づくりワーキング・グループ〔規制改革推進会議〕2020年4月9日提出資料）https://www8.cao.go.jp/kisei-kaikaku/kisei/meeting/wg/koyou/20200409/200409koyou03.pdf（2023/08/28）をもとに一部改変

本の競争力強化に向けた環境・気運を醸成するというものである。文部科学省と厚生労働省と経済産業省が役割分担をしながら，各施策を有機的に連携・充実するとのことであるが，今後，有機的な連携の具体的なプロセスをしっかりとみていかなければならないのであろう。ワーク・ライフ・バランスの観点からみて重要なのは，社員の自発的な学びを支援するために設けられた厚生労働省による「長期の教育訓練休暇制度を導入した企業への助成」である。教育訓練休暇制度を導入する企業が，今後どれだけ日本社会に広がっていくのか，みていく必要がある。

　ここで注目しておきたいのは，経済産業省の「人生100年時代の社会人基礎力」である。「人生100年時代の社会人基礎力」の定義は，図6-2で示してあるが，もともとは「社会人基礎力」という言葉から出発している。

2006年，社会人基礎力に関する研究会は，職場や地域社会のなかで多くの人々と接触しながら仕事をしていくために必要な能力を「社会人基礎力」と名づけ，3つの能力と12の能力要素を示した[31]。「社会人基礎力」という言葉が生まれた背景には，「若者が社会に出るまでに身に付ける能力」と「職場等で求められる能力」とが十分にマッチしていないという問題が存在していた[32]。当初は，若者が育むべき能力として考えられていたが，仕事と学びを循環させていくキャリア設計を作っていく能力に目が向けられるようになる[33]。「人生100年時代の社会人基礎力」は，もともと「社会人基礎力」に含まれていた3つの能力と12の能力要素を土台としつつ，「どう活躍するか」「何を学ぶか」「どのように学ぶか」といった3つの視点が加わる（図6-2）。

　この3つの視点は，かなり生涯学習的な要素を帯びている。それもそのは

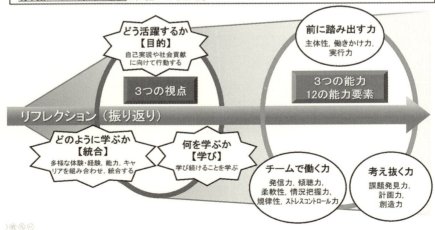

図6-2　人生100年時代の社会人基礎力

出典：経済産業省「人生100年時代の社会人基礎力」説明資料，https://www.meti.go.jp/policy/kisoryoku/index.html（2023/08/09）をもとに一部改変

ず，1990年に制定された生涯学習振興法（正式名称：生涯学習の振興のための施策の推進体制等の整備に関する法律，平成2年法律第71号）は，じつは文部科学省だけではなく経済産業省もかかわっているのである。経済産業省の「人生100年時代の社会人基礎力」は，生涯学習をかなり意識したものと考えられる。

2020年10月1日，総合科学技術・イノベーション会議有識者議員懇談会において，内閣府政策統括官が「新たな社会で活躍する人材育成について（主にリカレント教育）」という資料を提出している（図6-3）。そこでは，3つの省庁のリカレント教育施策について，その趣旨に応じて，①生活の糧を得るため，②さらなる社会参画のため，③知的満足（文化・教養）のためという3つの類型化が可能とされている。厚生労働省の施策は①と②のタイプに，経済産業省の施策は②のタイプに，文部科学省の施策は②と③のタイプに含まれている。このようなリカレント教育の類型化は，これまであまりなされてこなかったという点において，貴重な作業であるといえる。今後，この類型化の妥当性や新

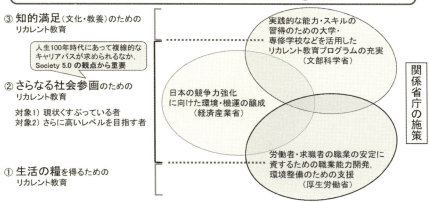

図6-3　リカレント教育の類型化

出典：内閣府政策統括官（科学技術・イノベーション担当）「新たな社会で活躍する人材育成について（主にリカレント教育）」（科学技術政策担当大臣等政務三役と総合科学技術・イノベーション会議有識者議員との会合〔令和2年度〕2020年10月1日配布資料）https://www8.cao.go.jp/cstp/gaiyo/yusikisha/20201001/siryo2-1-1.pdf（2023/08/28）をもとに一部改変

たな類型を検討していかなければならない。

さらに，リカレント教育との関連でしばしば語られるようになった，リスキリングやアップスキリングにも注目する必要がある。現在の職務の専門性をさらに向上させるために新しいスキルを獲得することを意味するアップスキリングに対して，リスキリングは「全く異なる業務を行うために必要な新しいスキルを獲得するプロセスのこと」と定義されることがある[34]。リカレント教育とリスキリングやアップスキリングの関係を議論しながら，時間をかけて整理していくことが求められている。

3　ワーク・ライフ・バランスと地域活動

(1) 地域におけるワーク・ライフ・バランス

ワーク・ライフ・バランスと地域活動の関係を探っていくためには，まず最初に，地域におけるワーク・ライフ・バランスの取組をみておく必要がある。内閣府男女共同参画局の「仕事と生活の調和」推進サイトでは，地域の取組の1つとしてワーク・ライフ・バランスに取り組んでいる47都道府県の担当課が紹介されている。ワーク・ライフ・バランスを担当する部局・課室は，表6-1に示したように，①から④に分類することができる。グループ①では子どもや少子化対策にかかわる部局・課室が，グループ②では労働や雇用関連に

表6-1　ワーク・ライフ・バランス担当部局による都道府県の分類

各グループ	都　道　府　県
① 子ども・少子化対策グループ	青森県・岩手県・宮城県・秋田県・福島県・茨城県・群馬県・埼玉県・神奈川県・石川県・岐阜県・三重県・和歌山県・島根県・岡山県・高知県・長崎県・大分県・沖縄県
② 労働・雇用グループ	千葉県・新潟県・富山県・福井県・長野県・愛知県・大阪府・兵庫県・奈良県・鳥取県・広島県・山口県・徳島県・香川県・愛媛県・福岡県・佐賀県
③ 男女共同参画グループ	山形県・滋賀県・京都府
④ 混合グループ	北海道（①②）・栃木県（①③）・東京都（①②③）・山梨県（①②）・静岡県（①②）・熊本県（①②）・宮崎県（①②）・鹿児島県（①②）

出典：内閣府男女共同参画局「都道府県等の担当課」(「仕事と生活の調和」推進サイト)
　　https://wwwa.cao.go.jp/wlb/local/local.html（2023/02/26）をもとに筆者作成

かかわる部局・課室が，グループ③では男女共同参画にかかわる部局・課室が担当しており，グループ④では複数の部局・課室が担当している（混合）。

　各グループに含まれる都道府県数をみてみると，グループ①が最も多い。第3章において，国のワーク・ライフ・バランス施策の流れを紹介したが，これまでの主な施策が少子化対策や次世代育成支援策であることからも，その影響を受けて子どもや少子化対策にかかわる部局・課室が担当していることがわかる。2番目に多いのはグループ②である。ワーク・ライフ・バランス施策の対象者は，すべての働く人々である。長時間労働の問題にも向き合うし，働き方そのものにももちろん目を向けなければならない。そのような状況を見据えて，労働や雇用関連にかかわる部局・課室などが担当しているのであろう。3番目はグループ④である。このグループでは，子どもや少子化対策にかかわる部局・課室と労働や雇用関連にかかわる部局・課室の2つが担当する場合が最も多い。なお，最も少ないグループは，山形県・滋賀県・京都府を含む③男女共同参画グループである。国のワーク・ライフ・バランスは，内閣府と厚生労働省が中心となって推進しているが，内閣府における担当部局は男女共同参画局である。③男女共同参画グループは，内閣府の考えを少なからず受けているということであろう。

　ワーク・ライフ・バランスと地域活動について調べていると，京都市のワーク・ライフ・バランスの取組が参考になることに気づかされる。そこでは，仕事と家庭生活の調和に加え，地域活動や社会貢献活動に積極的に参加することが重視されている[35]。2012年3月に作成された「真のワーク・ライフ・バランス」のリーフレットでは，振り返りのきっかけの1つとしてワーク・ライフ・バランスのチェックリストが掲載されている（図6－4）。そこでは，コミュニティ活動（地域の自治会，地域の祭り，防犯・防災活動）や学校のPTA活動，さまざまな市民活動やボランティア活動が，具体的な地域活動としてあげられている。

　京都市では，文化市民局共同参画社会推進部男女共同参画推進課が中心となってワーク・ライフ・バランスを推進している。このことは，男女共同参画

A（個人）	1	身の周りに親しい友人がいて，交流の機会がある。	はい	まあまあ	いいえ
	2	自己研鑽や趣味・娯楽，ボランティアの活動などの目的で，継続して学習している。	はい	まあまあ	いいえ
	3	仕事や趣味など，自分のもっている才能や知識，技量などが十分に発揮でき生きがいややりがいを感じることがある。	はい	まあまあ	いいえ
	4	自分の将来のライフプランについて考えたり学習したりする機会がある。	はい	まあまあ	いいえ
B（仕事）	5	自分またはパートナーが安定した仕事につくことなどにより，経済的に自立できている。	はい	まあまあ	いいえ
	6	仕事において，自分のライフスタイルやライフステージに応じた働き方ができていると感じている。	はい	まあまあ	いいえ
	7	働いている職場において，子育てや家族の介護に対する理解や支援が十分であると感じる。	はい	まあまあ	いいえ
	8	仕事にやりがいや生きがいを感じている	はい	まあまあ	いいえ
C（家庭）	9	子育てや介護の負担を軽くしたり，仕事などと両立するためのサービスを利用できている。	はい	まあまあ	いいえ
	10	身の周りに，子育てや介護の悩みを相談できる人がいる。	はい	まあまあ	いいえ
	11	夫婦（家族）で家事や育児，介護を分担している。	はい	まあまあ	いいえ
	12	1週間のうち，同居する家族と5回以上夕食を一緒に食べている。または，離れて暮らしている家族や親族と，頻繁に連絡を取り合っている。	はい	まあまあ	いいえ
D（地域）	13	住んでいる地域の自治会などのコミュニティ活動や，学校のPTA活動などについて知っている。	はい	まあまあ	いいえ
	14	過去1年間に，地域の祭りや防犯・防災活動などのコミュニティ活動や学校のPTA活動に参加した。	はい	まあまあ	いいえ
	15	困ったときに頼れるご近所さんがいる。	はい	まあまあ	いいえ
	16	さまざまな市民活動やボランティア活動に自分の意志で参画している。	はい	まあまあ	いいえ

採点方法：はい…2点／まあまあ…1点／いいえ…0点
A・B・C・D（各8点満点）のグループごとに集計してください（総合計の満点は32点）。
下のグラフに現状と理想の点数を記入し，比較してみてください。

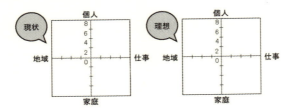

図6-4　ワーク・ライフ・バランスのチェックリスト

出典：京都市文化市民局共同参画社会推進部男女共同参画推進課「真のワーク・ライフ・バランス」（リーフレット，2012）https://www.city.kyoto.lg.jp/bunshi/cmsfiles/contents/0000128/128911/ri-furetto1.pdf（2022/03/09）をもとに筆者作成

にかかわる部局・課室がワーク・ライフ・バランスを担当する場合は，仕事と家庭生活に加えて地域活動にも力を入れていることを示しているのであろう。第3章ですでに述べたが，男女共同参画社会基本法の第6条では，家庭生活との調和を前提として仕事・学習・地域活動・ボランティア活動などさまざまな活動があげられている。図6-4のワーク・ライフ・バランスのチェックリストは，男女共同参画社会基本法の第6条の考え方を具体的に示したものとして捉えることができるのだろう。

　今後，ワーク・ライフ・バランスと地域活動について理解と考察を深めていくためには，グループ③（山形県・滋賀県・京都府）や男女共同参画にかかわる部局・課室の担当が含まれるグループ（栃木県・東京都）に注目していくことが，求められているということであろう。

(2) 地域の特性を生かしたワーク・ライフ・バランス

　厚生労働省労働基準局は，各地域の特性に着目し，地域のイベント・行事などに合わせて休暇取得促進や所定外労働の削減を図るなど，地域の特性を生かしたワーク・ライフ・バランスの推進を行っている17の事例（地方自治体や企業）を収集している[36]。表6-2は，地域活動という視点から参考となる事例を取り出して，取組の内容をまとめたものである。

　まず，地方自治体であるが，①山形県新庄市，②熊本県人吉市，③長野県の事例は，地域の行事への参加と年次有給休暇を組み合わせているという点で共通している。年次有給休暇を活用して，それぞれの地域行事への参加を促していくというものである。しかし，3つの事例には違いもある。①山形県新庄市の取組では，地域で過ごす時間をつくることに目が向けられており，②熊本県人吉市の取組では，平安時代から続く「おくんち祭」を地域の大切な祭事として再認識してもらうことに力が注がれている。③長野県の取組では，南信州の民族芸能の行事への参加だけではなく，準備段階での支援にかかわっていくことが求められており，①山形県新庄市と②熊本県人吉市の取組に比べて地域活動へのかかわり度合いが高くなっている様子がうかがえる。3つの事例を通し

表6-2　地域の特性を生かしたワーク・ライフ・バランスの推進事例

取組主体		取組の内容
地方自治体	① 山形県新庄市 （商工観光課）	新庄まつりなど新庄・最上地域のイベントをきっかけに、年次有給休暇を活用することで、地域で過ごす時間・家族とふれあう時間・自分のための時間をつくる。
	② 熊本県人吉市 （総務部自治振興課）	年次有給休暇の活用により、平安時代から続く例大祭「おくんち祭」への参加を促し、地域の大切な祭事として再認識してもらうとともに、家族の時間の創出、地域の活性化を図る。
	③ 長野県 （南信州地域振興局） 長野県南信州 （下伊那地方事務所）	長野県では、南信州（飯田・下伊那地域）の貴重な民族芸能を未来に継承するために、「南信州民族芸能パートナー企業制度」を2016年度から開始している。その制度に登録された企業は、地域の民族芸能の行事への参加を奨励するために年次有給休暇取得の促進を図る。また、準備段階での支援も行っている。
	④ 福岡県福岡市 （子ども未来局・市民局）	2007年から、毎月1日から7日の少なくとも1日は企業（職場）や地域・家庭など、いろいろな場で子どもたちのためにできることに取り組む運動（「いーな」ふくおか・子ども週間）を実施している。 企業では、従業員の定時退社・年休取得の促進、地域の取組への参加、働き方の見直し、仕事と生活の調和を図るなど、それぞれできることに取り組む。子どものための地域活動の具体例として、見守り・声かけ、夜間パトロール、子どものためのイベント開催などが挙げられている。
	⑤ 新潟県妙高市 （生涯学習課・市民活動支援係）	2006年から、「妙高市民の心」（思いやりや感謝など雪国妙高において脈々と受け継がれてきた心）の推進運動を展開している。「地域の行事に家族で参加しよう（地域活動への参加）」は、具体的な取組の1つである。
企業	⑥ 三ツ星ベルト株式会社 （兵庫県神戸市）	2008年、従業員によるボランティア団体「三ツ星ベルトふれあい協議会」が開催する地域イベントに積極的に参加した従業員に有給で休暇を付与する「ふれあい休暇制度」が創設された。
	⑦ サイファー・テック株式会社 （東京都新宿区）	2013年に本社を東京から徳島県美波町へ移転し、2014年から、東京本部、徳島開発部、美波本社の勤務地を社員が季節ごとに選べる「フリーオフィス」スタイルを開始した。2014年、各オフィスの地域活動への参加を促し地域との関係性を深めるために「地域活動支援休暇制度」を設けて1年間に4日間取得することが可能となった。
	⑧ 株式会社ふくや （福岡県福岡市）	1990年に「地域・ボランティア活動支援制度」を設立し、社員のボランティア活動を推進し、町内活動への参加などを勤務時間内で認めている。PTAや地域活動に参加する社員へ「地域役員手当」（例えば、PTA会長：5000円／月）を支給している。1994年に地域貢献活動を進める「網の目コミュニケーション室」を開設し、博多の文化・地域活動に深くかかわっている。

出典：厚生労働省『地域の特性を活かしたワーク・ライフ・バランス事例集』（平成27年度から平成29年度），https://work-holiday.mhlw.go.jp/material/category6.html（2022/03/13）をもとに筆者作成

て,「地域の時間をつくる」第1段階,「地域の行事の理解を深める」第2段階,「地域活動に実際にかかわる」第3段階という3つの段階を描くことも可能であろう。

そのほか,④福岡県福岡市のように,子どもたちのための地域活動に取り組む運動が展開されている地域もある。見守り・声かけ,夜間パトロール,子どものためのイベント開催などが,子どもたちのための地域活動の具体例としてあげられているが,ほかにどのような地域活動があるのか,地域の特性はあるのかなどをみていくことが求められるだろう。生涯学習との関係でみてみると,⑤新潟県妙高市の事例が目に留まる。なぜならば,生涯学習課が担当しているからである。この事例を通して,生涯学習と地域活動の密接な関係を読み取ることができるだろう。

つぎに,企業であるが,⑥三ツ星ベルト株式会社,⑦サイファー・テック株式会社,⑧株式会社ふくやは,「ふれあい休暇制度」「地域活動支援休暇制度」「地域・ボランティア活動制度」をそれぞれ設けて地域活動を支援している。⑥三ツ星ベルト株式会社の地域活動に対する支援は,従業員によるボランティア団体が開催する地域イベントに参加する場合に限定されている。しかし,企業が従業員によるボランティア団体を応援することは,企業文化にもいい影響を与えるという点において,そこから重要な意味を見いだすことができるだろう。⑦サファー・テック株式会社は,社員が季節ごとに勤務地を選ぶことができるため,各オフィスの地域活動に参加することが可能となる。季節と各オフィスの地域活動を組み合わせることによって,地域活動の幅が広がっていく。各地域の地域活動への参加が,その人の人生キャリアにおいてどのような意味をもたらすのか,ヒアリング調査などの実施を通して明らかにしていく必要がある。

厚生労働省労働基準局が収集した地域の特性を生かしたワーク・ライフ・バランスの推進事例を眺めてみると,年次有給休暇の活用で地域活動への参加を促進しようとする地方自治体と,独自の地域活動支援制度を創設して地域活動を応援しようとする企業と,それぞれの特徴を浮き彫りにすることができる。

ただ，地方自治体と企業の相互作用がみえてこない。このため，地方自治体が企業に与える影響や企業が地方自治体に与える影響など，そこで生じる相互作用や課題などを丁寧にみていくことが重要な視点となってくる。

(3) ワーク・ライフ・バランスと地域―テレワークに目を向けて―

多様な働き方を追求するワーク・ライフ・バランスの領域では，これまでもテレワークが注目されてきた。テレワークの推進によって，ワーク・ライフ・バランスが充実していくと考えられているからである[37]。新型コロナウイルス感染拡大前の2019年までは，テレワークは伸び悩んでいたが，感染拡大後の2020年以降は状況が異なってくる。その状況を，国土交通省が，2008年以降毎年実施している調査から確認してみる[38]。

テレワーク関係府省（内閣官房・内閣府・総務省・デジタル庁・厚生労働省・経済産業省・国土交通省）と連携して，テレワークの普及推進に取り組んでいる国土交通省は，今後のテレワークの普及促進策に役立てることを目的として，「テレワーク人口実態調査」を実施している[39]。2022年の調査[40]では，テレワークを雇用型就業者と自営型就業者の2つに分けている[41]。前者は，ICT（情報通信技術）などを活用し，普段出勤して仕事を行う勤務先とは違う場所で仕事をすること，または勤務先に出勤せず自宅その他の場所で仕事をすること，と捉えられている。後者は，ICT（情報通信技術）などを活用し，自宅で仕事をすること，または，普段自宅から通って仕事を行う仕事場とは違う場所で仕事をすること，と捉えられている。また，テレワーカーは，テレワークの場所によって，次の3つに分類されている[42]。1つ目は自宅でテレワークを行う在宅型テレワーカー，2つ目は自社の他事業所，または共同利用型オフィスなどでテレワークを行うサテライト型テレワーカー，3つ目は訪問先，その行き帰り，出張中に立ち寄る喫茶店，図書館，ホテル，移動中の電車内などでテレワークを行うモバイル型テレワーカーである。

図6-5は，2016年から2022年までの地域別雇用型テレワーカーの割合を表したものである。どの地域も2019年までは微増減で推移していたが，2020年以

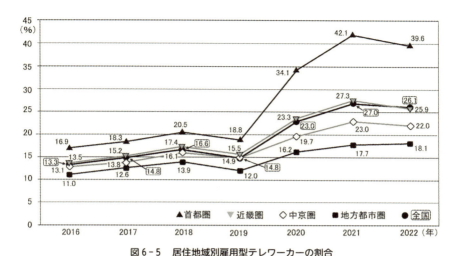

図6-5　居住地域別雇用型テレワーカーの割合

注：2019年以前はWEB登録者情報の居住地，2020年以降はWEB調査回答者の居住地［首都圏：東京都・埼玉県・千葉県・神奈川県／中京圏：愛知県・岐阜県・三重県／近畿圏：京都府・大阪府・兵庫県・奈良県／地方都市圏：上記以外の道県］

出典：国土交通省『令和4年度テレワーク人口実態調査―調査結果（概要）―』2023, p.9, https://www.mlit.go.jp/report/press/content/001598357.pdf（2023/12/16）をもとに一部改変

降は増加傾向にあることがわかる。その背景には，新型コロナウイルス感染症拡大の影響が考えられる。地域別にみてみると，とくに，首都圏のテレワーカーの割合が高くなっている。いっぽうで，地方都市圏の割合は，ほかの地域に比べて低い割合となっている。しかし，2022年においては，地方都市圏以外の地域は低下傾向を示しているのに対して，地方都市圏のみテレワーカーの数値が少しずつではあるが伸びている。ただし，首都圏と地方都市圏の差は依然として大きい。

2022年の「テレワーク人口実態調査」では，テレワークを地域活動との関係で把握しようとしている（図6-6）。雇用型テレワーカーは非テレワーカーに比べて，地域活動の実施率が2倍以上高い結果となっている。また，雇用型テレワーカーで，テレワークをきっかけに地域活動をはじめた人々の割合は6.8%という数値が示されている。決して高い数値とはいえないが，ここから，テレワークと地域活動にはつながりがあることを確認することができる。繰り返し

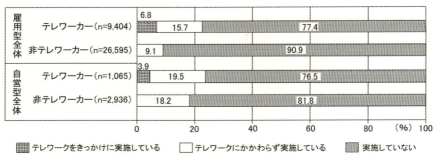

図6-6 テレワーカーの地域活動の実施状況

注：端数処理の関係で，100％とならない場合がある。
出典：国土交通省『令和4年度テレワーク人口実態調査—調査結果（概要）—』2023，p.30，https://www.mlit.go.jp/report/press/content/001598357.pdf（2023/12/16）をもとに一部改変

になるが，ワーク・ライフ・バランスの領域では，多様な働き方が追求されてきた。テレワークなど多様な働き方を推進することによって，地域活動への参加が増加し地域の活性化につながっていくという可能性が秘められているのである。一見，ワーク・ライフ・バランスと地域の活性化は無関係のようにみえるが，決して無関係ではないということである。

かつて，「テレワーク人口倍増アクションプラン」（2007年5月29日，テレワーク推進に関する関係省庁連絡会議決定）において，テレワークの意義・効果が8つ提示されたことがある[43]。このアクションプランでは，地域活性化の推進（UJIターン・2地域居住や地域の企業を通じた地域の活性化）は，3つ目に示されている。つまり2007年には，テレワークと地域活性化の関係がすでに示されていたということになる。

4　ワーク・ライフ・バランスとボランティア活動

(1)「社会生活基本調査」からみるボランティア活動の状況

総務省は，1日の生活時間配分や1年間の余暇時間における主な活動状況（学習・自己啓発・スポーツ・ボランティア活動ほか）など，国民の社会生活の実態を明らかにするための基礎資料を得ることを目的として，5年ごとに「社会生活基本調査」を実施している。調査の結果は，「仕事と生活の調和（ワーク・

ライフ・バランス）の推進，男女共同参画社会の形成など，国民の豊かな社会生活に関する各種行政施策に欠かすことのできない重要な資料となる」[44]と明記されている。ここから，「社会生活基本調査」は，ワーク・ライフ・バランスをかなり意識した調査であるということがわかる。

　「社会生活基本調査」において得られたデータのなかから，ここではとくに，ボランティア活動に目を向けたものを収集し，図6-7〜図6-9の3つの図を作成した。図6-7は，日本における2016年と2021年のボランティア活動の行動者率を年齢階級別（10歳以上）に示したものである。新型コロナウイルス感染症拡大の影響で，2021年のボランティア活動の行動者率は，2016年と比較してすべての世代で減少している。10〜14歳を除くと，とくに，40〜44歳と45〜49歳の行動者率が低下しており，ともに11.1ポイントの減少となっている[45]。図6-8と図6-9は，日本における2016年と2021年のボランティア活動の行動者率をそれぞれ男女別に示したものである。2つの図から，40〜44歳と45〜49歳の行動者率の低下は，女性の行動者率の低下の影響を受けていることがわかる。40〜44歳の女性は39.4％から24.2％へ，45〜49歳の女性は35.7％から22.1％へ低下している[46]。40〜44歳と45〜49歳の女性が参加するボランティア活動の種類は，「子どもを対象とした活動」が最も高い。「子どもを対象とした活動」には，子ども会の世話・子育て支援ボランティア・学校行事の手伝いなどが含まれているが[47]，これらの活動は，新型コロナウイルス感染症拡大との関連で縮小された側面もあったことが考えられる。

　図6-8と図6-9は，ワーク・ライフ・バランスにとって重要な図である。なぜなら，日本社会における女性と男性のワーク・ライフ・バランスの問題がみえてくるからである。女性のボランティア活動行動者率は，30代後半から40代にかけて高くなる傾向がある。これは，出産退職した女性たちが，子育てしながら「子どもを対象とした活動」にボランティアとしてかかわっていくことや，子育てが一段落した女性たちがボランティア活動に参加していくことが示されているといえよう。いっぽう，男性のボランティア行動者率は，30代と40代では女性より低い傾向にあるが，65歳以上になると女性よりも高い傾向を示

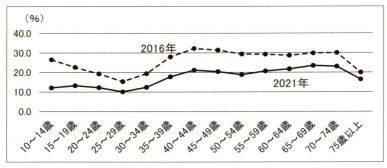

図6-7　ボランティア活動の年齢階級別行動者率（2016年と2021年）

出典：総務省統計局「社会生活基本調査」（2016年，2021年）e-Stat（https://www.e-stat.go.jp/）より入手したデータをもとに筆者作成

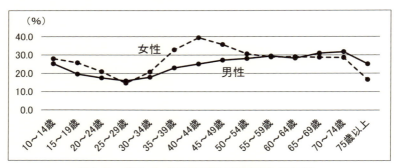

図6-8　ボランティア活動の男女別行動者率（2016年）

出典：総務省統計局「社会生活基本調査」（2016年）e-Stat（https://www.e-stat.go.jp/）より入手したデータをもとに筆者作成

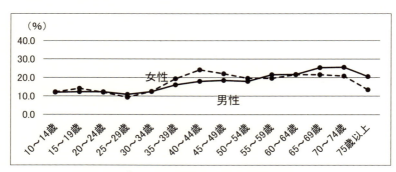

図6-9　ボランティア活動の男女別行動者率（2021年）

出典：総務省統計局「社会生活基本調査」（2021年）e-Stat（https://www.e-stat.go.jp/）より入手したデータをもとに筆者作成

していく。これは，長い職業人生を終えた男性たちが，高齢期にボランティア活動に参加していくことが反映されているのであろう。ボランティア活動の男女別行動者率から，男性の長時間労働や女性の仕事と子育ての両立の困難さといったワーク・ライフ・バランスの問題が透けてみえてくるのである。

(2) 生涯学習とボランティア活動との関係

1992年の生涯学習審議会答申「今後の社会の動向に対応した生涯学習の振興方策について」では，生涯学習とボランティア活動との関連を次の3つの視点で捉えている[48]。1つ目は，ボランティア活動そのものが自己開発，自己実現につながる生涯学習となるという視点である。2つ目は，ボランティア活動を行うために必要な知識・技術を習得するための学習として生涯学習があり，学習の成果を生かし，深める実践としてボランティア活動があるという視点である。3つ目は，人々の生涯学習を支援するボランティア活動によって，生涯学習の振興が一層図られるという視点である。讚岐幸治は，1つ目の視点を「生涯学習としてのボランティア活動」，2つ目の視点を「ボランティア活動のための生涯学習」と「生涯学習の成果を生かしたボランティア活動」，3つ目の視点を「生涯学習の支援のための生涯学習」と呼んでいる[49]。

1つ目と2つ目の視点は，ボランティア活動を行っている人々の学びに光をあてているが，3つ目の視点は，他者の学びに光をあてている。ボランティア活動を行っている人々の学びだけではなく，ボランティア活動によって他者の学びが広がってくことにも目が向けられているのである。学びが広がっていくためには，ボランティアの学びの支援が重要となる。生涯学習にとってボランティア活動を行っている人々の学びに対する支援がいかに重要であるか，3つ目の視点から読み取らなければならない。

(3) 仕事とボランティア活動の関係

かつて，社会教育施設ボランティア研究会（代表：鈴木眞理）が，社会教育施設（公民館・図書館・博物館・女性教育施設・青少年教育施設・生涯学習セン

ター）において，ボランティア活動を行っている人々を対象として，「社会教育施設ボランティアの自己形成に関する調査」を実施した[50]。当時，社会教育施設ボランティア研究会のメンバーだった筆者は，ボランティア活動の動機・きっかけの自由記述から，以下に述べるように仕事とボランティア活動の関係は3つに分類できることを示した[51]。

　1つ目は，仕事を通じて獲得した知識や技術をボランティア活動に生かすということである。代表的な記述として，「自分が今まで培っていたもの（書道）が生かされたらいいなと思った」（書道教師），「元幼稚園教師の経験と子育ての経験を生かして，こどもの文化・環境づくりに関わっていきたいと思い，託児活動に参加した」（元幼稚園教諭），「子供が生まれるまで保母をしていたので，その経験を生かして，自分自身いきいきと生活をしたいと思った」（保母〈パート〉）などがある。2つ目は，逆にボランティア活動を通じて獲得した知識や技術を仕事に生かすということである。具体的な記述として，「学校の美術教育の現場で鑑賞教育の重要性が議論されるようになって久しいが，具体的なノウハウはまだ開発されておらず，ボランティアを通してそれを学びたかった」（美術教員）がある。3つ目は，仕事とは異なった価値などをボランティア活動で見いだすということである。具体的な記述として，「職業にお金がまつわる事柄が多く，全くお金に関係のない世界に身を置いてみようと云うのも動機のひとつ」（会社役員）がある。

　生涯学習において，「仕事からボランティア活動へ」と「ボランティア活動から仕事へ」の2方向を行き来する知識や技術に注目していくことは重要である。このような2方向を行き来する知識や技術に目を向ける考え方は，仕事と家庭の補完性に関する議論においても存在してきた[52]。「仕事から家庭へ」と「家庭から仕事へ」という2方向には，道具的側面と情緒的側面の2つの側面が影響しあっているという。道具的側面は，仕事（家庭）で獲得されたスキルや能力が家庭（仕事）で応用されるケースで，一方の情緒的側面は，家庭（仕事）での感情（喜びや充実感など）が仕事（家庭）に伝達されるケースであるという。先に述べた，仕事とボランティア活動の2方向を行き来する知識や技術

に関する考え方は，道具的側面に通じていくものであろう。

　仕事とボランティア活動の関係を探るうえでは，次に述べるように，プロボノと呼ばれるボランティア活動に目を向けると理解が深まると考えられる。プロボノの語源は，ラテン語の「公共善のために（Pro Bono Publico）という言葉に由来している[53]。「社会的・公共的な目的のために，自らの職業を通じて培ったスキルや知識を提供するボランティア活動」[54]と定義されることがある。この定義をふまえると，プロボノは，仕事を通じて獲得した知識や技術をボランティア活動に生かすという，上述した1つ目の仕事とボランティア活動の関係と深く結びついている。

（4）企業のボランティア休暇制度

　ボランティア休暇という制度がある。日本でその制度をはじめて導入した企業は，富士ゼロックス株式会社であるといわれている[55]。同社は，1990年に3カ月から2年間のボランティア休職制度「ソーシャルサービス制度」を定め，1日単位で取得できるボランティア休暇制度を設けた[56]。三菱UFJリサーチ＆コンサルティング株式会社が，2022年に実施した企業調査[57]によると，ボランティア休暇制度を導入している企業は6.5％，導入予定の企業は0.7％，導入を検討している企業は15.9％となっている[58]。少しずつではあるが，企業のボランティア休暇制度が日本社会において普及されつつあることがわかる。

　ボランティア休暇制度の導入のきっかけは，大きく2つに分けられることがある[59]。1つは，経営トップや人事・労務担当部署の判断で，トップダウン的に導入する場合である。もう1つは，労働組合や従業員からの意見を聞いて，ボトムアップ的に従業員からの要請をふまえて導入する場合である。トップダウンで導入するケースは，企業主導型でボランティア活動の支援をしている企業にみられ，東日本大震災や東京オリンピック・パラリンピックなど災害やボランティア活動が必要となるイベントをきっかけにボランティア休暇の導入を検討する企業などが含まれている[60]。ボトムアップで導入するケースは，従業員支援型でボランティア活動を支援しているケースであり，平日でも年次有給

休暇を消費せずにボランティア活動に参加したいという従業員の要望があがってくる場合などが考えられている[61]。

厚生労働省の働き方・休み方改善ポータルサイトでは，ボランティア休暇制度を導入している企業の事例を検索することができる[62]。さっそく，「特別な休暇制度導入事例」から「ボランティア休暇・社会貢献活動休暇」を選択・検索してみると，2024年2月9日の時点で延べ78件の事例がヒットした。そのなかから，ボランティア休暇制度導入のきっかけや理由が明記されている55件の事例をピックアップして分類する作業を行うと，主に自然災害との関連で制度を導入したグループと企業をとりまく社会環境の変化との関連で制度を導入したグループの2つに分類できることが明らかとなった（表6-3）。なお，55件の事例は，2010年から2022年の資料である。それゆえ，現在は制度が変わっている企業もなかにはある。しかし，ボランティア休暇制度の導入の理由や・きっかけは変わることはないと考えている。

前者のグループは，①阪神・淡路大震災発生，②東日本大震災発生，③熊本地震，④九州北部豪雨，⑤その他（災害の頻発）の5つに分けることができる。阪神・淡路大震災が発生した1995年に，ボランティア休暇制度を導入した企業は2社だけであった。しかし，2011年の東日本大震災発生をきっかけとして14の企業などが制度を導入している。1995年の震災発生時には社会動静をみていた企業などが，2011年の震災発生時に導入に踏み込んだことが考えられる。また，阪神・淡路大震災の被災地に多くのボランティアが駆けつけた1995年は，「ボランティア元年」と呼ばれることがあるが[63]，その後の日本社会において，ボランティア活動がさらに広がっていったことも考えられる。前者のグループを眺めていると，日本企業におけるボランティア休暇制度は，1995年に発生した阪神・淡路大震災以降の自然災害の歴史との関係でみていくことの重要性に気づかされる。いっぽう，後者の企業をとりまく社会環境の変化との関連で制度を導入したグループは，⑥社会貢献活動，⑦社会貢献活動とワーク・ライフ・バランス，⑧ワーク・ライフ・バランスの3つに分けることができる。なかでも，⑥社会貢献活動に分類された企業が最も多く，その数は28社

表6-3　企業などにおけるボランティア休暇導入のきっかけ・理由

	ボランティア休暇導入の きっかけ・理由	企　業　な　ど
自然災害	① 阪神・淡路大震災発生 （1995年）	阿波製紙株式会社・イビデン株式会社
	② 東日本大震災発生 （2011年）	株式会社あおぞら銀行・社会福祉法人市川市社会福祉協議会・オエノンホールディングス株式会社（オエノングループ）・花王株式会社・カシオ計算機株式会社・カルビー株式会社・株式会社大丸松坂屋百貨店・株式会社ダンクソフト・豊川信用金庫・三菱化学株式会社・ユニ・チャーム株式会社・六花亭製菓株式会社＊・株式会社ワコール・KDDI株式会社（被災地ボランティア休暇）＊＊
	③ 熊本地震（2016年）	ポリプラスチックス株式会社
	④ 九州北部豪雨（2018年）	株式会社ボーダレス・ジャパン
	⑤ その他（災害の頻発）	株式会社クリーブウェア（2019年）
企業をとりまく社会環境の変化	⑥ 社会貢献活動	大阪ガス株式会社（1991年）・日本アイ・ビー・エム株式会社（1991年）・アサヒ株式会社（1992年）・伊藤忠商事株式会社（1992年）・九州電力株式会社（1993年）・株式会社資生堂（1993年）・株式会社アシックス（1994年）・三菱商事株式会社（2005年）・ライオン株式会社（2005年）・清水建設株式会社（2007年）・株式会社髙島屋（2007年）・日新火災海上保険株式会社（2008年）・グラクソ・スミスクライン株式会社（2009年）・日本オフィス・システム株式会社（2009年）・株式会社二嘉組（2010年）・アミタホールディングス株式会社（2020年）・LifeScan Japan株式会社（2022年）・旭化成株式会社・鐘通株式会社・関西電力株式会社・関西電力送配電株式会社・第一三共株式会社・大和ハウス工業株式会社・田辺三菱製薬株式会社・東三河ヤクルト販売株式会社・リンテック株式会社・株式会社ワンビシアーカイブズ・SCSK株式会社
	⑦ 社会貢献活動とワーク・ ライフ・バランス	住友電気工業株式会社（2007年）・三菱ガス化学株式会社（2008年）・JSR株式会社（2009年）
	⑧ ワーク・ライフ・バランス	新日鉄住金エンジニアリング株式会社（2012年）・株式会社ヤマハコーポレートサービス（2019年）・第一生命株式会社・太平洋工業株式会社
その他	⑨ 東京2020オリンピック・ パラリンピック競技大会	トライベック株式会社（2018年）

注：＊もともと，年1日の特別有給休暇で対応するボランティア休暇はあったが，2011年5月，東日本大震災の復興支援のために急遽制定された（5日間の特別無給休暇）。＊＊被災地ボランティア休暇とは別に，ボランティア活動に伴う休暇については，年次有給休暇の次年度繰越未消化分を組み立てる積立休暇のなかで取得可能である。

出典：厚生労働省「特別な休暇制度導入事例」（働き方・休み方改善ポータルサイト，https://work-holiday.mhlw.go.jp/kyuukaseido/search.php，2024/02/24）で紹介されている事例をもとに筆者作成

であった。

　そもそも日本企業において，社会貢献活動が活発に行われるようになったのは，1990年頃であるといわれている[64]。1990年，富士ゼロックス株式会社が日本ではじめてボランティア休暇制度を導入したといわれていることは，先に述べたとおりである。表6-3によると，1991年に大阪ガス株式会社と日本アイ・ビー・エム株式会社が，社会貢献活動との関連でボランティア休暇制度を導入している。これらの事実から，ボランティア休暇制度は，社会貢献活動の一環ではじまったことを改めて確認することができる。

　続いて，⑦社会貢献活動とワーク・ライフ・バランスに分類された企業は，最も少なく3社であった。具体的には，次世代育成支援対策推進法に基づく行動計画の策定・実施に取り組んでいるなか，社員にボランティア休暇をはじめとする多様な働き方を実現するための休暇制度を設けた住友電気工業株式会社[65]，社員のワーク・ライフ・バランス推進を目的とした休暇制度の拡充の一環として，ボランティア休暇を導入した三菱ガス化学株式会社[66]，社員のワーク・ライフ・バランスの実現のため各種の支援制度を整えるなか，ボランティア休暇制度を導入したJSR株式会社[67]である。これら3社の特徴は，社会貢献活動にワーク・ライフ・バランスの要素が加わってきたことである。いずれも国のワーク・ライフ・バランス推進の影響を受けていることが考えられる。

　最後に，⑧ワーク・ライフ・バランスに分類された企業は，4社であった。新日鉄住金エンジニアリング株式会社は，年次有給休暇の有効利用を目的としてWLB（ワーク・ライフ・バランス）休暇を設けた[68]。WLB休暇は，2010年からはじまった女性活躍推進活動の取組を反映したものであるが，CSR（Corporate Social Responsibility）活動からの提案を受けて，WLB休暇を活用してボランティア参加が可能になった。株式会社ヤマハコーポレートサービスは，社員の生活のさまざまな側面をサポートするライフサポート休暇を導入した[69]。その休暇の導入によって，私傷病・家族の看護・不妊治療・育児（送迎・学校行事への参加など）・会社が認めるボランティア活動への参加・会社が認める自己啓発を目的として，年間2日の有給休暇を取得できるようになった。第一生命

保険株式会社は,学校行事・不妊治療・ボランティア活動などといった多様な目的に利用できるワーク・ライフ・バランス休暇制度を立ち上げた[70]。ワーク・ライフ・バランスをより意識した休暇のなかに,ボランティア休暇を位置づけている。太平洋工業株式会社は,私傷病に限定していた積立有給休暇の範囲を子どもの看護やボランティア活動にまで拡大した[71]。

　太平洋工業株式会社は,新たな休暇を設けた前の3社とはやや異なるが,最も国のワーク・ライフ・バランス推進の影響を受けていると考えられる。なぜならば,同社は,2008年に厚生労働省から仕事と生活の調和推進モデル事業所に指定されているからである[72]。「…積立有給休暇は,それまで私傷病に限っていたのですが,子どもの看護や,ボランティア活動に使いたいという声があがったため,そのように拡大しました。家族を大切にし,地域,社会に貢献することが大切であるというワーク・ライフ・バランスの観点から,これらのケースでも休暇取得ができるようにしたのです。ボランティア活動についても,5日以上の休業が予定される場合に取得できることとしました」[73] という記述から,ワーク・ライフ・バランスに対する理解が進んでいることがうかがえる。それと同時に,社会貢献活動とワーク・ライフ・バランスは,もともと親和性が高いという事実に気づかされる。

　もう少し事例を増やして検討してみないと確かなことはいえないが,時系列に沿って日本企業のボランティア休暇制度を振り返ってみると,1990年に社会貢献活動を基礎としてはじまり,1995年以降は自然災害と向き合い,2000年代後半以降にはワーク・ライフ・バランスの影響も受けながら展開されてきたことを,55件の事例から読み取ることができるだろう。今後,ワーク・ライフ・バランスの影響を受けながら,ボランティア休暇制度が企業でもっと導入されていくことが予想される。

5　すべての働く人々のために―議論すべきこと―

　最後に,すべての働く人々のワーク・ライフ・バランスの実現をめざしていくために,生涯学習との関連で議論すべきことを3つ提示する。

第1は，休み方の多様性についてである。ワーク・ライフ・バランスは，基本的には，3つの多様性（働き方の多様性・生活の多様性・人の多様性）を追求する概念である。この3つの多様性に，休み方の多様性を加える必要がある。なぜなら，子育て・介護・学習活動・地域活動・ボランティア活動などといった生活の多様性を支えていくためには，休み方の多様性がなければ成り立たないからである。また，休み方と働き方は表裏一体の関係にある。本書のなかでもふれた，厚生労働省の働き方・休み方改善ポータルサイトからも，2つは切り離すことができない関係にあることが読み取れる。働き方の多様性を考えていくためには，休み方の多様性も考えていかなければならない。休み方の多様性を考えていくためには，働き方の多様性も考えていかなければならないのである。

　厚生労働省による働き方・休み方改善ポータルサイトに，休暇に関する詳しい説明がある[74]。それによると，休暇には，法定休暇と法定外休暇の2つがあるという。法定休暇は，法律で定められた休暇で，年次有給休暇・生理休暇・育児休業・介護休業・裁判員休暇などがあてはまる。一方の法定外休暇は，就業規則により会社が任意に定めた休暇であり，病気休暇・ボランティア休暇・リフレッシュ休暇・犯罪被害者などの被害回復のための休暇・ドナー休暇などが該当する。

　ワーク・ライフ・バランスの実際において，これまで最も注目されてきた休暇はいうまでもなく育児休業である。最近では，育児休業に続き介護休業が，そして年次有給休暇も注目されてきている。いずれも法定休暇である。しかし，休み方の多様性を追求する過程で重要なのは，法定外休暇の充実であろう。ボランティア休暇はもちろんのこと，リカレント教育の充実で求められている教育訓練休暇などは，今後の日本社会に普及させるべきである。もしかしたら，働き方の多様性・生活の多様性・人の多様性・休み方の多様性に，学び方の多様性を加えなければならないのかもしれない。また，ボランティア休暇などの法定外休暇は，育児休業取得者と「お互いさま」の関係をつくっていくうえで重要であることを忘れてはならない。

第2に議論すべきことは，リカレント教育の充実についてである。文部科学省・厚生労働省・経済産業省の連携によるリカレント教育の充実は，もちろん歓迎すべきことである。大学や大学院などで学ぶ社会人学習者も，当然のことながら少しずつ増えることであろう。しかし，問題点もある。その問題点を探ろうとしたときにいつも思いだすのは，社会教育や生涯学習の領域においてしばしば引用される，ピーターソン（Richard E. Peterson）が唱えた教育を受けた人がより多くの学習機会を望むことを意味する"Education More Education"の法則[75]である。リカレント教育の充実によって，学ぶ人と学ばない人の差がさらに広がっていくということである。また，生涯学習の原理・原則である自発性も重要である。3省連携によるリカレント教育の充実では，経済的側面が前面に押し出される可能性がある。学習者の自発性が損なわれるようなことがないように，常に緊張感をもって議論していくことが求められているのである。

　第3に議論すべきことは，古くて新しいウェルビーイング（well-being）という言葉とどう向き合うかについてである。「次期教育振興基本計画の策定について（諮問）」（令和4年2月7日中央教育審議会）において，「何よりも，学習者の背景や特性・意欲の多様性を前提として，学習者視点に立ち，誰もが，いつでもどこからでも，誰とでも，自分らしく学ぶことができ，誰一人取り残されず，一人一人の可能性が最大限に引き出され，一人一人の多様な幸せであるとともに社会全体の幸せでもあるウェルビーイングが実現されるように，制度等の在り方を考えていく必要」があると示されている[76]。ウェルビーイングには，次の3つの視点が含まれている。生涯学習の視点，ワーク・ライフ・バランスの視点，個人の幸せと社会の幸せを考える視点である。いつでもどこからでも，誰とでも，自分らしく学ぶこと」は，1つ目の生涯学習の視点につながる。「一人一人の可能性が最大限に引き出され」ることは，2つ目のワーク・ライフ・バランス視点に結びついていく。ワーク・ライフ・コンフリクトを取り除いてワーク・ライフ・バランス度を高めていけば，キャリア発達を遂げる可能性が高まっていく。つまり，一人ひとりの可能性が最大限に引き出されて

いくのである。一人ひとりの可能性が最大限に引き出されることは，まさにワーク・ライフ・バランスがめざしているところでもある。3つ目の個人の幸せと社会の幸せを考える視点に関しては，もちろん，社会の幸せを考えていくことは重要であるが，経済的な側面だけに特化してはならないであろう。そもそも，個人の幸せと社会の幸せを同じ次元で議論してもよいものなのか，2つの幸せの重なりを増やしていくことをめざしていくべきなのか，個人の幸せと社会の幸せはすべて合致することはないということを前提に議論を推し進めていくべきなのか，そういったことも含めて考えていく必要がある。

　ワーク・ライフ・バランスと生涯学習は，一見，無関係のようにもみえる。しかし，両者の関係の深さについては，すでに述べたとおりである。第3章で詳述したが，国のワーク・ライフ・バランス施策において，ワーク・ライフ・バランスの対象は，働く女性から働くすべての人々へと広がっていった。対象範囲が広がることによって生活範囲も広がり，学習活動・地域活動・ボランティア活動が加えられていった。しかし，実際には，すべての働く人々を対象としたものにはなっておらず，一部の働く人々に限定されている。生活範囲も，主に子育て・介護（とくに子育て）に限定された状態のままである。すべての働く人々を対象としたワーク・ライフ・バランスの実現には，程遠い状況が日本社会にはある。

　繰り返しになるが，すべての働く人々を対象としたワーク・ライフ・バランスの実現において，生涯学習が果たす役割は大きいと筆者は考えている。本書のタイトル『ワーク・ライフ・バランスと生涯学習―すべての働く人々のために―』には，生涯学習に対する期待が込められている。生涯学習を推進することは，すべての働く人々のワーク・ライフ・バランスの実現につながる。そして，ワーク・ライフ・バランスを推進することで生涯学習の具体的な場面が広がっていく。めざすべきことは，この好循環の構築であろう。

■ 注 ■

1) 川上淳之『「副業」の研究―多様性がもたらす影響と可能性―』慶応義塾大学出版会，2021，p.2.
2) 新井郁男「リカレント教育を考える」『教育と医学』第44巻第3号，1996，p.192.

3) CERI/OECD, *Recurrent Education: A strategy for lifelong learning*, OECD, 1973. CERI/OECD, *Recurrent Education: Trends and Issues*, OECD, 1975.
4) UNESCO, Éducation permanente, International Committee for the Advancement of Adult Education, Paris, 9-18 December 1965, Document code: ED/COMEDAD/65/6, CS/1165.37/EDA.35（WS）, 18p. Lengrand. P.（波多野完治訳）「生涯教育について」日本ユネスコ国内委員会『社会教育の新しい方向―ユネスコの国際会議を中心として―』1967, pp.73-101.
5) CERI/OECD 編（岩木秀夫訳）「リカレント教育」『現代のエスプリ』（ラーニング・ソサエティ）No.146, 1979, p.135（CERI/OECD, *Recurrent Education: A strategy for lifelong learning, op. cit.*, p.24）.
6) 藤井佐知子「リカレント教育」森隆夫・耳塚寛明・藤井佐知子編『生涯学習の扉―理念・理論・方法―』ぎょうせい, 1997, p.49.
7) 清水一彦「リカレント教育」日本生涯教育学会編『生涯学習事典』（増補版）東京書籍, 1997, p.40.
8) 小川誠子「職業生活と生涯学習」倉内史郎・鈴木眞理編『生涯学習の基礎』学文社, 1998, p.65.
9) 佐々木英和「リカレント教育についての歴史的考察―平成の生涯学習振興政策を再考すべき必然性―」『社会教育』2019年6月号, pp.9-13.
10) 同上, p.9.
11) 邦訳としては，文部省大臣官房『リカレント教育―生涯学習のための戦略―』教育調査第88集, 1974がある。
12) 佐々木英和, 前掲, p.9.
13) 同上。
14) 文部編『急激な社会構造の変化に対処する社会教育のあり方について』（社会教育審議会答申）1971, p.22-23. なお，同答申では，生涯教育を構成する3つの教育（家庭教育・学校教育・社会教育）と生涯教育における社会教育が果たす役割の重要性が示されている。
15) 生涯学習・社会教育行政研究会編『生涯学習・社会教育行政必携（令和4年版）』第一法規, 2021, p.343.
16) 臨時教育審議会『教育改革に関する第一次答申』1985, p.26.
17) 臨時教育審議会『教育改革に関する第二次答申』1986, p.34.
18) 生涯学習・社会教育行政研究会編, 前掲, p.411.
19) 佐々木英和「政策としての『リカレント教育』の意義と課題―「教育を受け直す権利」を足がかりとした制度設計にむけて―」『日本労働研究雑誌』No.721, 2020, p.30.
20) Schüetze, H.G., & Istance, D., *Recurrent education revisited: Mode of Participation and Financing*, OECD, 1987, p.18.
21) 同上, p.16.
22) 生涯学習・社会教育行政研究会編, 前掲, p.411.
23) 文部省高等教育局（社会人技術者の再教育推進のための調査研究協力者会議）『リフレッシュ教育の推進のために』1992, p.3.
24) 文部編『リフレッシュ教育―社会人に開かれた大学ガイド―（学部編）』ぎょうせい, 1994, p.8.
25) 出相泰裕「OECDのリカレント教育の理念と今日の日本におけるリカレント教育の意味」『UEJジャーナル』第36号, pp.8-9, https://www.uejp.jp/pdf/journal/36/361.pdf（2023/12/10）.
26) 人生100年時代構想会議『人づくり革命 基本構想』2018, p.3, https://www.kantei.go.jp/jp/content/000023186.pdf（2023/03/02）.
27) 同上, pp.10-12.
28) 同上, pp.11-12.
29) 国の学び直しの施策に関しては，岩崎久美子「『学び直し』に至る施策の変遷」『日本労働研究雑誌』No, 721, 2020, pp.10-12を参照されたい。第1期（2006年～2010年）と第2期（2012年以降）に分けて詳述している。
30) 内閣府によると，規制改革推進会議は，内閣府設置法第37条第2項に基づき設置された審議会

で，内閣総理大臣の諮問に応じ，経済社会の構造改革を進めるうえで必要な規制の在り方の改革に関する基本的事項を総合的に調査・審議することを主要な任務としている。

31）社会人基礎力に関する研究会『中間取りまとめ』2006, p. 1, pp.12-14, https://warp.da.ndl.go.jp/info/ndljp/pid/282046/www.meti.go.jp/press/20060208001/shakaijinkisoryoku-honbun-set.pdf（2024/05/26）.
32）同上，p.2.
33）経済産業省「人生100年時代の社会人基礎力」https://www.meti.go.jp/policy/economy/jinzai/Ecforthe100-yearlife.pdf（2024/05/26）.
34）後藤宗明『自分のスキルをアップデートし続けるリスキリング』日本能率協会マネジメントセンター，2022, pp.24-25.
35）京都市文化市民局共同参画社会推進部男女共同参画推進課「『真のワーク・ライフ・バランス』推進計画＜改訂版＞」2017, p.16, https://www.city.kyoto.lg.jp/bunshi/cmsfiles/contents/0000217/217485/shinno_WLB_plan.pdf（2023/03/10）.
36）厚生労働省「地域の特性を活かしたワーク・ライフ・バランスの推進事例集」（27年度〜平成29年度）https://work-holiday.mhlw.go.jp/material/category6.html（2023/12/16）.
37）厚生労働省「仕事と生活の調和に関する主な制度」https://www.mhlw.go.jp/stf/seisakunitsuite/bunya/koyou_roudou/roudoukijun/shigoto/index.html（2023/12/17）.
38）国土交通省では，2002年から2008年まで3年おきにテレワーカーに関する調査を実施していたが，2008年以降は，毎年テレワークの実態調査を実施している（国土交通省「テレワーク人口実態調査」https://www.mlit.go.jp/crd/daisei/telework/p2.html；2023/12/16）.
39）国土交通省『令和4年度テレワーク人口実態調査―調査結果（概要）―』2023, p.3, https://www.mlit.go.jp/report/press/content/001598357.pdf（2023/12/16）.
40）2022年の「テレワーク人口実態調査」は，2022年10月28日〜11月1日の期間，WEB調査で実施された。調査対象者は，WEB調査の登録者のうち15歳以上の就業者約26万人に調査票を配布し，そのうち4万サンプルを回収している。
41）国土交通省，前掲，p.4.
42）同上．
43）「テレワーク人口倍増アクションプラン」（2007年5月29日，テレワーク推進に関する関係省庁連絡会議決定）p.2, https://dl.ndl.go.jp/contents/3531345/38587fcc-6046-45c8-8a5e-44271b9ffae6/bb1099bb-8843-4dc5-b896-ff66566e4914/bb1099bb-8843-4dc5-b896-ff66566e4914.pdf（2023/12/17）.
44）総務省統計局「令和3年社会生活基本調査」https://www.stat.go.jp/data/shakai/2021/index.html（2024/01/09）.
45）総務省統計局「社会生活基本調査」（2016年，2021年）e-Stat（https://www.e-stat.go.jp/）より。
46）同上．
47）総務省統計局『令和3年社会生活基本調査―生活時間及び生活行動に関する結果―結果の概要』2022, p.40, https://www.stat.go.jp/data/shakai/2021/pdf/gaiyoua.pdf（2024/01/09）.
48）このあたりについては，小川誠子「社会教育施設ボランティアの学びに関する序論的考察―『正統的周辺参加』概念を通して―」『日本生涯教育学会年報』第20号，1999, pp.141-142；小川誠子「生涯学習とNPO」『日本生涯教育学会年報』第33号，2012, pp.79-80も参照されたい。
49）讃岐幸治「第Ⅱ章理論編」JYVA（社団法人日本青年奉仕協会）編『ボランティア・ラーニング』1996, p.29.
50）社会教育施設ボランティア研究会（代表：鈴木眞理）『社会教育施設ボランティアの自己形成Ⅰ―郵送による49名の事例研究―』1998.
51）小川誠子「社会教育施設ボランティアの自己形成についての試論（調査結果の分析）」社会教育施設ボランティア研究会（代表：鈴木眞理）『社会教育施設ボランティアの自己形成Ⅰ―郵送による49名の事例研究―』（平成9年度文部省委嘱事業 学習成果を生かしたボランティア活動を推進するための方策に関する調査研究報告書Ⅱ）1998, pp.20-21.
52）岸野早希・平野光俊「上司行動が部下のワーク・ライフ・バランスに及ぼす影響」『国民経済雑誌』神戸大学経済経営学会，第213巻第2号，2016, p.47, https://da.lib.kobe-u.ac.jp/da/kernel/

E0040753/E0040753.pdf（2024/01/09）．
53）嵯峨生馬『プロボノ―新しい社会貢献 新しい働き方―』勁草書房，2013，p.24．
54）同上．
55）国立教育政策研究所社会教育実践研究センター『企業とボランティア活動に関する調査研究報告書』2013，p.2, https://www.nier.go.jp/jissen/chosa/rejime/2012/03/00_all.pdf（2024/02/09）．
56）東京都生活文化局都民生活部地域活動推進課『企業が進める社員のボランティア活動に関する事例集―社員のボランティア活動とその活動を支える仕組み―』2018，p.6, https://www.seikatubunka.metro.tokyo.lg.jp/chiiki_tabunka/chiiki_katsudo/kyouyo/files/0000001072/HP_kigyou_jireishu.pdf（2024/02/08）．
57）企業調査は，2022年9月14日～9月30日までの期間，原則Webでの回答を依頼している（Web回答が困難な場合は，郵送回答もしくは電子ファイルでの回答）．調査対象は全国の従業員数30人以上の企業1万社で，有効回収率は26.0％（2601件）となっている（三菱UFJリサーチ＆コンサルティング株式会社『令和4年度「仕事と生活の調和」の実現及び特別な休暇制度の普及促進に関する意識調査報告書』（厚生労働省委託事業）2023，pp. 1-3, https://work-holiday.mhlw.go.jp/material/pdf/category4/awareness-survey2022.pdf（2024/02/08）．
58）同上，p.63．
59）日本能率協会総合研究所『従業員のボランティア支援のすすめ―社会と企業のさらなる発展を目指して―』（厚生労働省委託事業）2020，p.30, https://work-holiday.mhlw.go.jp/material/pdf/category4/20200522_1.pdf（2024/02/08）．
60）同上．
61）同上．
62）厚生労働省「ボランティ休暇」（働き方・休み方改善ポータルサイト）https://work-holiday.mhlw.go.jp/kyuukaseido/volunteer.html（2024/02/09）．
63）田中雅文『ボランティア活動とおとなの学び―自己と社会の循環的発展―』学文社，2011，p.1．
64）前林清和「社会貢献の思想」前林清和・中村浩也編『SDGs時代の社会貢献活動― 一人ひとりができることとは―』昭和堂，2021，p.6．
65）住友電気工業株式会社「ボランティアを通じ仕事も生活も充実させてほしい」厚生労働省『従業員と企業を活性化する休暇制度20―仕事と生活の調和と健康の回復と増進のために―』2010，pp.6-7．
66）三菱ガス化学株式会社「事例14 従業員の行動変容のきっかけづくりとなる特別休暇」厚生労働省『特別休暇制度導入事例集2020―病気休暇，裁判員休暇，ボランティア休暇等の特別休暇の導入に向けて―』2021，pp.31-32, https://work-holiday.mhlw.go.jp/material/pdf/category4/20210312_1.pdf（2024/02/27）．
67）JSR株式会社「ボランティア経験を通じて新たな気づきを得るきっかけに」厚生労働省『社員と会社が元気になる休暇制度を導入しませんか？―導入事例集― 一人ひとりの活力が企業の活性化，社会の元気につながる』2015，pp.10-11, https://work-holiday.mhlw.go.jp/material/pdf/category4/h27_kyuuka.pdf（2024/02/28）．
68）新日鉄住金エンジニアリング株式会社「インターバル休暇，WLB休暇，育児休業取得の促進」厚生労働省『社員と会社が元気になる休暇制度を導入しませんか？』（2012年度版）pp.4-5, https://work-holiday.mhlw.go.jp/material/pdf/category4/h24_03.pdf（2024/02/28）．
69）株式会社ヤマハコーポレートサービス「ライフサポート休暇/ファミリーホリデー/ライフサイクル休暇」厚生労働省『特別休暇制度導入事例集2021―病気休暇，裁判員休暇，ボランティア休暇等の特別休暇の導入に向けて―』2021，pp.15-16, https://work-holiday.mhlw.go.jp/material/pdf/category4/20220114_1.pdf，（2024/06/01）．
70）第一生命保険株式会社「持続的な成長に不可欠な『女性活躍推進』」厚生労働省『従業員と企業を活性化する休暇制度20―仕事と生活の調和と健康の回復と増進のために―』前掲，p.25．
71）太平洋工業株式会社「全社をあげてワーク・ライフ・バランスを浸透させる」厚生労働省『社員と会社が元気になる休暇制度を導入しませんか？』前掲，p.17．
72）同上，p.16．

73）同上，p.17.
74）厚生労働省「特別な休暇制度とは」（働き方・休み方改善ポータルサイト）https://work-holiday.mhlw.go.jp/kyuukaseido/（2024/03/28）.
75）Peterson, R. E., Implications and consequences for the future, in R. E. Peterson, & Associates（eds.）, *Lifelong learning in America: An overall view of current practices, available resources, and future prospects*, Jossey-Bass Publishers, 1979, p.424.
76）「次期教育振興基本計画の策定について（諮問）」（令和4年2月7日中央教育審議会）p.4, https://www.mext.go.jp/content/20220210-mxt_soseisk01-000020556_1.pdf（2024/03/29）.

補 論　実社会のリアルな実態や課題

1　誰にでもある「アンコンシャス・バイアス」

■ アンコンシャス・バイアスとは

「アンコンシャス・バイアス」を直訳すると「無意識の偏見」となる。無意識，つまり自身で気づかない「ものの見方や捉え方の偏り」を意味する。これは脳が瞬時に判断ができるように，過去の経験や育ってきた過程で習得した考え方に基づいている。誰にでも存在するもので，良いものでも悪いものでもない。

■ アンコンシャス・バイアスの具体例

具体的には，性別・年齢・国籍・障がいなどの目に見える違いや属性にだけでなく，見えないところにも存在する。具体的な事例をみてみる。

例 1　職場のジェンダーにみるアンコンシャス・バイアス

「女性はきめ細やかな仕事に向いている」「営業職は男性が向いている」など，個人の適性にかかわらず，無意識に決めつけている「ジェンダー・バイアス（男女に対する偏見）」がある。秘書室には女性が多くないですか。法人営業部は男性ばかりではありませんか。組織を今一度，疑問をもって見渡してみよう。

例 2　育児は誰の仕事？（女性活躍支援の視点から）

当事者の女性に「家事育児は女性がするもの」「育児中は子ども優先」「自分（女性）が家事育児を担い，夫のキャリアを支えるべき」という思い込みはないだろうか。この考え方が，女性をコンフォート・ゾーンに留め，自身の可能性を閉ざすことにつながるのだ。

いっぽう，日本では管理職にも「家事育児は女性がすべき」という決めつけが根深く残っている。そして「家事育児は女性がする」前提の下，「忙しい子育て期には，ルーティン・ワークをアサイン」したり，「仕事の負荷を減ら」したりと過度な配慮が働くことがある。本人によかれと思いながら，育児期

(女性)社員の成長する機会とやりがいを奪い，マミートラックに陥る原因を提供している。子育て期はキャリアの転機でもある。部下に期待し，機会を与え，鍛えることが大事である。アンコンシャス・バイアスが部下の成長機会を奪い，育成阻害につながることを自覚する必要がある。

家庭においては，パートナー（夫）に「自らが一家の大黒柱でなければならない」「平日はパートナー（妻）が家事育児をすべきだ」との思い込みがあることで，家事育児が極端に女性に偏り，女性が仕事にアクセルを踏みにくく，互いのキャリア（生き方）についての対話にブレーキを掛けることにつながっている。

■ **現在の企業課題**

今，企業の経営戦略としての「ダイバーシティ＆インクルージョン（D＆I）」推進が加速している。しかし，多様な人材が集うだけでは，組織としての生産性は高まらず，イノベーションは生まれない。D＆Iの本質は，多様な個が互いに認め尊重し合い，能力を発揮し，互いに対話をすることから新たな発想や価値が生み，イノベーションにつなげ，企業のめざす姿を実現していくことにある。

VUCA（ブーカ）の時代は，これまでの経験値から解を導くことが困難な時代である。D＆Iを加速するためには，心理的安全性を確保し，アンコンシャス・バイアスを払拭することが肝要である。なぜなら同質性が高く暗黙のルールが多い組織ほど，アンコンシャス・バイアスに気づかず，アンコンシャス・バイアスを強くもち続けることが多いからである。

■ **一人ひとりが力を発揮できる社会に向けて**

アンコンシャス・バイアス払拭への第一歩は，誰にでもアンコンシャス・バイアスがあることを自覚することだ。そして周囲に対して多大な影響を及ぼし，相手を傷つけることがあると認識することが大切。自身のもつアンコンシャス・バイアスに気づいたあと，どのように行動を変えていくかを組織単位で対話していくことが効果の高い変容へとつながる。自己認識を深め，組織で気づきへのアンテナを高くすることが，一人ひとりの力を発揮できる社会へと

つながっていくと確信している。　　　　　　　　　　　　　　〔大原奈緒〕

2　女性活躍推進法とは何か

　「女性活躍推進法（女性の職業生活における活躍の推進に関する法律）」とは，自らの意思で働くことを希望する女性が，個性と能力を十分に発揮して活躍できる社会の実現をめざして制定された法律である。10年間の時限立法として2016年4月に施行された（期限は2025年度末）。

　国が女性の活躍を推進する背景として，少子高齢化による労働力人口の減少，管理職に占める女性の割合が諸外国に比べて顕著に低いこと，日本の労働生産性の低さに対する危機感，市場のグローバル化やニーズの多様化への対応があげられる。

　女性の活躍に関する法律はこれまでにも，1972年に勤労婦人福祉法，1985年に男女雇用機会均等法，1991年に育児休業等に関する法律（現，「育児・介護休業法」），2003年に次世代育成支援対策推進法が成立・施行されている。これらと女性活躍推進法との大きな違いは，企業などにおける取組や取組による成果・実績を「見える化」したことにある。

　具体的に事業主は，「採用」「勤続年数」「労働時間」「女性管理職比率」などを把握し，男女差の要因を分析，定量的な目標や取組内容を「事業行動計画」として策定し，公表しなくてはならない。また，女性活躍に関する情報を少なくとも年1回，公表することが求められている。

　「見える化」の対象は，2022年の女性活躍推進法の改正により男女の賃金格差にも拡大される。令和2年の一般労働者（常用労働者のうち短時間労働者以外の者）の賃金は，男性に対し女性が74.3％と低くなっている（厚生労働省「令和2年賃金構造基本統計調査」）。その要因として，職種や職位の男女差が考えられることから，よりいっそう，女性管理職比率の向上や配置の性別差が企業にとっての課題となるであろう。

　なお，管理職比率について内閣府は，2003年に「2020年までに指導的地位に女性が占める割合が，少なくとも30％程度になるよう期待する」という目標

を立てたが，2020年，課長相当職以上に占める女性の割合は，12.4%と目標には遠く及ばなかった（厚生労働省「令和2年度雇用均等基本調査」）。

　それもそのはず，正社員・正職員に占める女性の割合は，27.4%と3割を割っており，そのうち総合職の割合は36.1%（厚生労働省「令和3年度雇用均等基本調査」）と，管理職登用の対象となる正社員・総合職の女性が圧倒的に少なく，女性管理職登用までのパイプラインが構築されていないのである。

　これまで企業は，管理職比率については，対象となる女性がいないから仕方ないと半ば他人事のようにあきらめていた感があるが，ここ数年，とくに中堅から大手企業においては，女性リーダー・管理職育成に本腰を入れはじめている。

　女性リーダー・管理職育成の根幹的な課題として，「家事育児と仕事の両立」「長時間労働」がある。男性が長時間働き，家事育児を女性に任せている以上，女性は家事育児に比重をおかざるをえない。2022年の育児・介護休業法改正により，男性の育児休業取得推進が義務化されたが，企業の話を聞くかぎり，しばらくは数週間といった短期間での取得が想定され，家事育児の分担状況の改善にはまだ時間がかかりそうである。

　また，大手企業においては軒並み，育児休業や短時間勤務制度を法定以上の期間設定することで，「女性が継続して働きやすい」職場づくりを整えてきたが，それが「女性は育児があるので仕事はほどほどでもよい」というメッセージに受け止められている。そして女性社員は長期間，短時間勤務を使うことでキャリア形成へのモチベーションが下がり，"活躍"というにはほど遠い状況に陥っている。さらに，それをみた後輩がキャリアを描けないという負のスパイラルができてしまっている。

　女性は管理職になりたがらない，という実態も人事担当者からよく聞く。女性側の理由としては「自信がない」「管理職の長時間労働」「ロールモデルの不在」などさまざまあるが，経営層に女性がまったくいないという組織が多く，気づかないうちに男性有利な組織構造になってしまっているところが少なくない。「うちは男女平等です」と自信をもっていう企業でも，調査をしてみる

と，昇格要件が女性に不利だったり，女性がものをいいにくい心理的安全性の低い職場だったりすることが多い。

また，これまで男性を主とした単一的な組織で，"当たり前"として受け入れられてきた慣習ややり方をそのままにして女性比率を上げることにより，多様な価値観をインクルージョンできないまま組織が分化してしまうといった課題に直面する企業も増えてきている。

女性活躍推進法により，企業における女性活躍の「見える化」が進むことで，企業は自らの課題を直視しはじめた。日本企業の生産性の低さも組織変革へのドライブとなっている。また，ESG投資など外部からのプレッシャーも相まって，女性活躍はこれまでと異なるフェーズに入っている。これから女性活躍がどのように進んでいくのか，また企業がどのように変化していくのか，注視していきたい。　　　　　　　　　　　　　　　　　　　　　〔佐藤歩美〕

3　男性の育児休業

2021年6月，長年の日本の課題である「家庭や職場の男女格差」に対して，大きくメスを入れる「育児・介護休業法の改正」が決定，翌2022年4月から施行された。

男性の育休取得推進については，厚生労働省が2010年からイクメンプロジェクトを開始するなど本腰をいれていたが，取得率は伸びず，ドイツをはじめとする欧米諸国に遅れをとってしまう状況となり海外からも批判の対象となっていた。なぜ，男性の育休取得率が伸び悩んだのか。理由の1つは，日本の育休制度が先進諸国のなかで期間，賃金保証とも最も手厚くなってしまったことが裏目に出てしまい，女性のみが育児休業を取得することで，男性が育休を取得しなくとも家庭が何とか回ってしまう悪循環が発生したことである。その結果，家庭内の性別役割分業（男性は仕事重視，女性は家庭重視といった考え方）がより固定化し，「マミートラック」と呼ばれる現象が引き起こされ，夫婦の経済格差はより大きくなったことがあげられる。

しかし，このような状況に対して今回の法改正は，現在の男性の育休取得の

実態や，希望に合わせて，男性がより家庭に回帰し，育児・家事参画をしやすい内容となったため，取得率の向上が期待される。そして，今回の法改正には以下に示す3つのポイントがある。

① 雇用環境整備，個別の周知・意向確認の措置の義務化
② 産後パパ育休（出生時育児休業）の創設と，既存の育児休業の分割取得
③ 1000人超の企業に対する育児休業取得状況の公表の義務化

育児休業を取得しない理由として多いのが，「職場や上司に理解がなく取得しずらい」という職場環境によるものである。①は研修や相談体制を整備すること，自社の制度の周知と取得意向確認を企業に義務づけることであるが，取得促進のキーパーソンとなる職場の上司・管理職にとって，取得率向上は，マネジメントをするうえで対応不可欠なものとなった。

また，②については，男性は長期に1回取得するのではなく，仕事の兼ね合いや自身のキャリアへの影響への不安もあり，必要な時期に小刻みに取得をしたい要望が強い実態が改正内容に反映され，子どもが1歳になるまでに，最大4回まで取得することができるようになった。

③については，若い世代の採用に影響を与える内容となっている。とくに20代は育休取得をしたいと回答する割合がほかの上世代よりも高く，就職・転職先を探すうえでも重要視する割合も比較的高い。取得率100%をめざす企業も多くあり，今後はいっそう企業間の格差が広がることが想定される。

企業は，今回の法改正を逆に組織の成長の機会と捉え，従業員のエンゲージメント（自発的組織貢献意欲）につなげられる制度設計や運用することが肝要となる。そのために，企業や組織が上記のような効果をだすために3つのポイントを最後に紹介したい。

① ダイバーシティ経営のなかで「男性育休取得促進」を重点取組項目として定め，経営にどのようなプラス効果を期待するのか含め，経営からメッセージを発信する。
② 男性の育休取得は目的をもって取得し，取得後も育児・家事へのかかわりを継続できるよう本人の意識啓発のほか，管理職の職場マネジメントを支援し，それに合わせた制度設計や運用を行う。

③ 本人が，自分自身とパートナーのキャリアやパートナーシップについて，継続的に対話する重要性について意識啓発をする。

　育休を取得した男性は，勤務先企業での「貢献度」や，「昇進意欲」が高まるほか，働く時間意識，学習意欲についてもプラスの効果がみられる。男性の育休取得推進の取組は，今の子どもたちの「将来の夫婦の姿」をつくる取組でもある。この機会を持続可能な社会を実現していく第一歩にしていけることを切に願う。　　　　　　　　　　　　　　　　　　　　　　　〔寺西知也〕

巻末資料　より深く学ぶために

1　諸外国におけるワーク・ライフ・バランス

ノルウェー

　ワーク・ライフ・バランス先進国といえば，社会保障制度が充実しかつ男女共同参画が進んでいるノルウェーやスウェーデンなどの北欧諸国が，しばしばあげられる[1]。日本のワーク・ライフ・バランス施策は今，父親の育児休業取得率の上昇に向けて努力を重ねている。このため，ノルウェーやスウェーデンは，とくに父親の育児休業取得率が高いという点において，参考になる国々であるといえよう。

　ノルウェーは，1993年に父親の育児休業を拡大するために，パパ・クオータ (paternity quota: stønadsperiode for faren) を，他国に先駆けて導入した国である[2]。パパ・クオータは，両親手当ての父親の割り当て分を父親が受給しない場合，本来受給できるはずの給付の権利が消滅するという制度である[3]。父親だけが受給でき母親に譲ることができない給付期間として，4週間が父親休暇として定められていた[4]。この期間については，制度導入後かなりの変動が見受けられる。2014年4月の段階では12週間であったが，同年7月からは8週間に短縮されている[5]。また，2014年には10週間だった時期もある[6]。

　ノルウェーの父親の育児休業取得率は，飛躍的に増加してきた。制度が導入された1993年は4.1%であった父親の育児休業取得率が，1994年には45%となり，すでに1998年の時点では80%という数字に達していた[7]。ノルウェー統計局 (Statistisk sentralbyrå) によると，2015年にパパ・クオータ期間以上の日数を取得した父親が37%，パパ・クオータ期間の日数を取得した父親が33%，パパ・クオータ期間未満の日数を取得した父親が6%であった[8]。これらを合計すると76%となり，1988年よりもやや減少しているものの，2015年に父親の育児休業取得率が76%であるということから，パパ・クオータの制度がノルウェーの社会においてしっかりと定着していることがうかがえる。

　この高いレベルを維持している背景には，2007年のパパ・クオータ制度の変更[9]が考えられるであろう。それは，休暇と労働を柔軟に組み合わせることで，子どもが3歳になるまで休暇を分散させて取得することが可能となったことである。パパ・クオータが導入された頃は，子どもが生まれてから1年以内に4週間連続して取得することが基本であったが，いくつかに分けて休業を取得することが可能となったのである。この変更によって選択の幅に広がりをみせたことが，パパ・クオータ制度の定着プロセスにおいて，重要な意味をもっているのであろう。

スウェーデン

　スウェーデンは，1974年に世界ではじめて両性を対象とした育児休業中の給付制度を導入した国として知られている[10]。スウェーデンの育児休業制度の歴史は，家庭での父親の役割が政策課題として取り上げられ，両親休暇（育児休業）制度の重要性について議論された時期（1960年代），両親休暇制度を導入したが男性の取得推進には至らなかった時期（1974年〜1980年代），1カ月間の父親の月 (papa månad) いわゆるパパ・クオータ制度が導入され，父親の取得率が上がりはじめた時期（1990年代以降），の3つの時期に整理されることがある[11]。

　社会保険庁 (Försäkringskassan) の報告書によると，1974年時点では，両親手当の受給可能期間の99.5%を女性が受給していたことが示されている[12]。その後，パパ・クオータ制度（父親の月）が開始された1995年には，両親手当の受給可能期間の90%を女性が，10%を男性が受給するようになった[13]。2021年には，女性の数値が70%，男性の数値が30%となり，受給期間の差は男女間において確実に縮小してきている[14]。

　パパ・クオータ制度の効果に関しては，以下のような数値もある。制度導入前に父親となっていた人々の54%は育児休業をまったく取得していなかったが，制度導入後にはその数値は18%に減少したという[15]。82%の父親が，育児休業を取得していたということになる。また，1990年から2003年の14年間にパートナーが子どもを産んだ延べ705人の男性の育児休業取得の日数をみてみると，10日以下の利用者は23.1%，30日以下は28.1%，60日は17.0%，61日以上は20.4%となっており，88.6%の父親が育児休業を取得していたという結果が示されている[16]。

　たしかに，スウェーデンの男女間において，受給期間にはまだまだ隔たりはある。しかし，スウェーデンにおける父親の育児休業取得率88.6%という数字は，2016年の時点で3.16%という低い数値[17]の日本にとっては，じつに驚異的な数値であるといえよう。2015年に示されたノルウェーの76%という数値も同様に驚異的である。ノル

154

ウェーやスウェーデンなどの北欧諸国は，日本のワーク・ライフ・バランスにとって参考にすべきことは多い。しかし，父親の育児休業取得率という観点から眺めてみると，背中がみえない遠い存在であるという現実も，しっかりと受け止めなければならないのだろう。

> アメリカ

日本においては，諸外国のワーク・ライフ・バランスとして，ノルウェーやスウェーデンなどといった北欧諸国のほかに，アメリカ，イギリス，ドイツ，フランス，オランダなどの国々がしばしば紹介される。

アメリカのワーク・ライフ・バランスの動きは，1980年代の育児支援を中心とした企業のファミリー・フレンドリー施策としてはじまり，1990年代には多方面の個人生活支援を含めた包括的ワーク・ライフ・バランス概念として浸透してきたといわれている[18]。「女性の労働市場進出初期（1970～1979年）」「私企業化時代（1980～1989年）」「ファミリー・フレンドリー時代（1990～1999年）」「ワーク・ライフ・バランス時代（2000年～）」という流れのなかで，従業員のニーズに応える企業の経営戦略として進展してきたと捉えられている[19]。アメリカのワーク・ライフ・バランスの特徴は，企業主導で取り組まれてきたという点にある。2000年に日本で最初のワーク・ライフ・コンサルタントとして独立したパク・ジョアン・スックチャの著書[20]や黒澤昌子の研究成果[21]からも，アメリカのワーク・ライフ・バランスが，企業主導で取り組まれてきたことを読み取ることができる[22]。

> イギリス

イギリスでは，1997年のブレア政権発足時から「個人が仕事と育児や介護の責任を両立できる労働慣行の確立」という方針が打ち出され，2000年から「ワーク・ライフ・バランス向上キャンペーン」を中心としたワーク・ライフ・バランス政策が推進されている[23]。ブレア政権が誕生する前は，イギリス政府はワーク・ライフ・バランス政策に力を入れてこなかったが，その背景には次の2つの考え方があったといわれている[24]。1つは，ワーク・ライフ・バランスの問題は労使間の自主的な意思決定に委ねられるべき事柄であり，政府が介入すべきではないという伝統的な考え方である。もう1つは，ワーク・ライフ・バランス支援の結果として有能な人材の獲得や従業員の定着というメリットを受けるのは企業であり，その対策のための費用は企業が捻出すべきという考え方である。

アメリカやイギリスは，国や地方自治体のワーク・ライフ・バランスに関する取組に，あまり積極的ではないと捉えられることがある[25]。しかし，1997年以降のブレア政権発足後に限定してみるならば，イギリス政府のワーク・ライフ・バランスへの介入に対する姿勢は，アメリカとは大きく異なっているとみることができるだろう[26]。

> ドイツ

ドイツでは，女性就業率の向上と出生率上昇をめざして，2000年以降，政府の強力なイニシアティブのもとワーク・ライフ・バランスが取り組まれてきた[27]。ワーク・ライフ・バランスに対応するものとして，ドイツ語では「家族と仕事の両立」（Vereinbarkeit von Familie und Beruf）という言葉が用いられている[28]。労働組合では，単身者を考慮して「仕事と私生活と家族の両立」（Vereinbarkeit von Beruf, Privatleben und Familie）という表現を用いることもあるそうだが，これはあまり普及されていないという[29]。政策を進めるにあたっては，政府が労働組合や経営者団体と連携を取りながら進める，すなわちコーポラティズム的なあり方が採用されている[30]。そもそも，日本のワーク・ライフ・バランスの議論において，ドイツが注目されるのはなぜであろうか。それは，ドイツは，日本と同じく「男性稼ぎ主モデル」という特徴をもっており，日本と同じドイツの取組を検討することは，日本の取組を今後考えるうえで興味深いと捉えられているからである[31]。

しかし，日本と同じ「男性稼ぎ主モデル」ではあるが，ドイツは労働時間が短く「時短先進国」と呼ばれることもある[32]。2023年のドイツにおける全就労者の年間平均実労働時間は1343時間であり，1611時間の日本と比較するとかなり短いことがわかる[33]。ドイツで労働時間が短いのは，粘り強い労働組合の闘いの結果によるものと捉えられている[34]が，日本と同じモデルに位置づけられているドイツのなかからそのような違いを見いだしていくことは，興味深い作業となるのであろう[35]。

> フランス

フランスのワーク・ライフ・バランス政策は，EUのなかでもトップクラスの出生率と女性労働力率の増加という形で顕著な効果を表しているといわれている[36]。フランス政府の経済諮問機関（Conseil d'Analyse Économique）の報告書（La famille, une affaire publique）では，女性の労働力率と出生率の関係には次の3つの段階があると紹介されている[37]。1つ目の段階は，「伝統的な

段階」(phase traditionnell)で，出生率が高く家庭外での女性の就業率が低いという特徴がある。つぎに，女性が外で働き出生率が下がる「移行段階」(phase de transition)が訪れるという。3つ目の「現代段階」(phase moderne)では，女性労働力率は高く合計特殊出生率も1.4から2.0の間で高い状態にあるという。牧陽子は，このように段階が変化することを「三段階進化説」と呼んでいる[38]。

このように，とりわけ女性の労働力率と出生率の高さが注目されるフランスではあるが，フランスにおけるワーク・ライフ・バランスを考える場合，週35時間労働制の実施にも目を向けていくことも求められる。その制度は，2000年2月1日から従業員21人以上規模事業所を対象に施行された（20人以下の事業所は2002年1月1日から施行）ものである[39]。この制度の実施によって，労働時間短縮と労働時間の柔軟化が進んだといわれている[40]。週35時間労働制の適用対象外である管理職については，労働時間の年間管理化（Annualisation，218日就業），そして短時間勤務（週4日勤務が一般的）が普及し，母親たちのワーク・ライフ・バランスに貢献しているとの見方がある[41]。週35時間労働制は，社会全体でのワークシェアリングをめざした施策であるといわれており，フランスのワーク・ライフ・バランスを支えているのは，ワークシェアリングであるとみることができよう[42]。

オランダ

ワークシェアリングといえば，オランダがその実践の先進例として，日本では1990年代末頃から紹介されることが多い[43]。オランダは，これまで「柔軟な働き方」の主軸としてパートタイム就労を促進してきた国である[44]。先進諸国のなかではパートタイム労働者の割合が突出して高く[45]，「パートタイム社会」と呼ばれることもある[46]。オランダの統計調査では，週あたりの労働時間に応じてパートタイムは，「小パート」（19時間以下），「中パート」（20〜27時間），「大パート」（28〜34時間）の3つのタイプに分けられることが多いという[47]。この分類からも，オランダがパートタイム就労をいかに重視しているか，その姿勢を読み取ることができるだろう。

序章でも述べたが，OECD（Organisation for Economic Co-operation and Development: 経済協力開発機構）は，加盟国38カ国にブラジル・ロシア連邦・南アフリカ共和国を加えた41カ国のよりよい生活指標（Better Life Index）を公表している[48]。指標の1つであるワーク・ライフ・バランスでは，オランダは5位で8.3点（10点満点）という数値である[49]。パートタイム就労が多くを占めるワークシェアリング型社会は，ワーク・ライフ・バランス度が高まる傾向にあることは，想像に難くない。また，オランダは，テレワークの推進によって，就業場所に関する選択の自由度を高めることにも積極的に取り組んでいる[50]。このことも，ワーク・ライフ・バランス度を高めていく1つの要因となっているのであろう[51]。

カナダ

これまで，日本においてあまり注目されてこなかったカナダのワーク・ライフ・バランスを，最新の数値データをもとに作成した図・表を示しながら，最後に取り上げる。序章でもふれたが，日本の父親の育児休業取得について，現実的な対応を考えるとき，カナダのワーク・ライフ・バランスが参考になる。図7-1は，2000年以降のカナダにおける親休業取得率の推移を示したものである。父親の親休業取得率に目を向けると，2000年に2.9％であった親休業取得率は，2006年には20％，2009年には30.1％と徐々に上昇している。この背景には，2006年のケベック州独自の制度であるケベック親保険制度（Québec Parental Insurance Plan: QPIP）の導入がある。この制度の詳細は，表7-1をみていただきたい。この制度の導入によって，親休業を取得するケベック州の父親が増え（図7-2），その増加がカナダ全体の父親の親休業取得率の数値に影響を与えているのである。

図7-3は，1926年から2022年までのケベック州とケベック州以外の州の合計特殊出生率を示したものである。以下のように，3つの時期に分けることができる。ケベック州における合計特殊出生率のほうが高い「ケベック高出生率時代」（1926〜1958年），ケベック州以外の州における合計特殊出生率のほうが高い「ケベック低出生率時代」（1959〜2005年），ケベック州における合計特殊出生率が再び再浮上する「ケベック出生率再浮上時代」（2006年〜）である。ケベック出生率再浮上時代がはじまる2006年は，ケベック親保険制度が導入された年である。ケベック州の母親の親休業取得率も上昇しており，その影響ももちろん考えられる。しかし，父親の親休業取得率の上昇も少なからず，合計特殊出生率の上昇に影響していると捉えることができるだろう。

2020年，ケベック州以外の母親の親休業取得率が67.4％と急増している。2019年の約2倍の数値である。2019年のシェア型親休業給付の導入やパンデミック（COVID-19）の影響などが考えられるが，このあたりについては，今後さらなる調査が求められるところである。

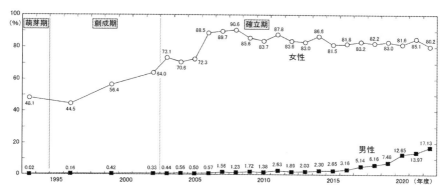

図7-1 カナダにおける親休業取得率の推移

出典:カナダ統計局(Statistics Canada)から購入した数値データをもとに筆者作成

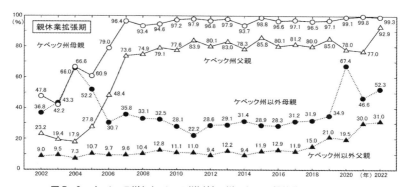

図7-2 ケベック州とケベック州以外の州における親休業取得率の推移

出典:カナダ統計局(Statistics Canada)から購入した数値データをもとに筆者作成

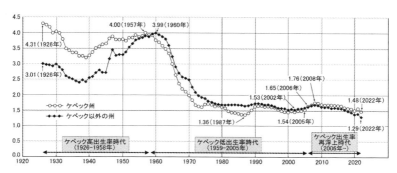

図7-3 ケベック州とケベック州以外の州における合計特殊出生率の推移

出典:カナダ統計局(Statistics Canada)から購入した数値データをもとに筆者作成

巻末資料 より深く学ぶために 157

表7-1　カナダにおける親休業給付制度の変遷

年		事　項
親休業導入前期	1971	出産休業給付制度の導入 20週間（少なくとも週15時間）働いていたことが受給資格の要件 妊娠の前に少なくとも10週間雇用されていたことを証明することが必要（「マジック10ルール」） 15週間の出産休業給付（出産前の8週間と出産後の6週間と1週間の調節期間，2週間の待機期間）
	1974	出産休業給付は，過去の賃金の3分の2 出産休業給付の固定化の緩和（出産休業給付のはじまりは出産の8週間前と変わらないが，終了はそのはじまりから17週間後に設定，15週間の休業給付）
	1978	過去の賃金の66％であった出産給付の割合が60％へと減少
	1983	「マジック10ルール」の廃止 制度の適用対象が拡大（養親も15週間の出産休業給付と同じ受給資格を獲得）
親休業導入期	1990	親休業給付制度の導入 10週間の親休業給付（生物学的親の双方が利用可能，2週間の待機期間） 養親に対して10週間の親休業給付（15週間の出産休業給付と同じ受給資格は喪失） 出産休業と親休業の給付割合は過去の賃金の60％
	1993	出産休業と親休業の給付割合は過去の賃金の57％に減少
	1994	出産休業と親休業の給付割合は過去の賃金の55％に減少
	1996	失業保険法から雇用保険法へと変更 受給資格の要件が，700時間（週35時間の労働が20週間）に変更
親休業拡張期	2000	親休業の給付期間が10週間から35週間に延長 父親と母親が親休業をシェアした場合，1週間だけの待機期間 受給資格要件の就労時間が，700時間から600時間に減少
	2006	ケベック親保険制度（基本プラン・特別プラン）導入 父親休業給付の導入，自営業従事者も支給対象，待機期間はなし 受給資格の要件は，休業の前年度に2,000ドル以上の所得があること ・基本プランの内容（18週間の出産休業・32週間の親休業・5週間の父親休業） 給付の割合は休業前所得の70％，親休業に関しては，8週目以降は55％ ・特別プランの内容（15週間の出産休業・25週間の親休業・3週間の父親休業） 給付の割合は休業前所得の75％
	2011	自営業従事者も支給対象（連邦雇用保険制度）
	2017	標準型親休業給付（過去賃金の55％で35週間の親休業）か拡張型親休業給付（過去の賃金の33％で61週間の親休業）の選択が可能
	2019	シェア型親休業給付（2人の親が親休業をシェアする場合，標準型親休業給付では5週間延長給付，拡張型親休業給付では8週間延長給付）導入

出典：小川誠子「カナダにおける親休業給付制度に関する考察―ワーク・ライフ・バランスの日本・カナダ比較研究に向けて―」『教育研究』（青山学院大学教育学会紀要）第55号，2011, p. 176に加筆

　ノルウェーやスウェーデンは，日本のワーク・ライフ・バランスにとって，あまりにも遠すぎる「背中がみえない先輩」であるのに対して，カナダは，「背中がみえる先輩」として捉えることができる。そのような意味において，カナダのワーク・ライフ・バランスは，ノルウェーやスウェーデンなどの北欧諸国と日本のワーク・ライフ・バランスの中間あたりに位置づけることができるのではないだろうか。もちろん，北欧諸国のワーク・ライフ・バランスは参考となるが，日本と比較的近い位置にあるカナダに目を向けることによって，より現実的な対応を模索できると考えられる。「背中がみえない先輩」からだけではなく，「背中がみえる先輩」からも多くの示唆を得ることができる。カナダのワーク・ライフ・バランスをみていく価値はそこにある[52]。

注

1) 『カエル！ジャパン通信』（内閣府仕事と生活の調和推進室）第 8 号，2010；https://wwwa.cao.go.jp/wlb/e-mailmagazine/backnumber/008/index.html（2024/06/23）
2) 中里英樹「国際比較から見る日本の育児休業制度の特徴と課題」労働政策研究・研修機構編『ヨーロッパの育児・介護休業制度』（JILPT 資料シリーズ No.186）2017，p.10，http://www.jil.go.jp/institute/siryo/2017/documents/186.pdf（2024/06/23）
3) 濱野恵「男性の育児休業の取得促進に関する施策の国際比較―日・米・英・独・仏・スウェーデン・ノルウェー―」『レファレンス』（国立国会図書館）800 号，2017，p.120，https://dl.ndl.go.jp/pid/10954501/1/1（2024/06/25）
4) 菅野淑子「ノルウェーにおける育児休業制度」『労働法律旬報』No.1558，2003．p.45．
5) 中里英樹，前掲，p.10．
6) Brandth, B., & Kvande, E., Fathers and flexible parental leave, Work, *Employment and Society*, 30（2），2016, p.276．
7) Brandth, B., & Kvande, E., Flexible work and flexible fathers, Work, *Employment and Society*, 15（2），2001, p.258．
8) Statistisk sentralbyrå, Fedrekvoten-mer populær enn noen gang, 2017, https://www.ssb.no/befolkning/artikler-og-publikasjoner/fedrekvoten-mer-populaer-enn-noen-gang—298200（03/09/2019）．
9) Brandth, B., & Kvande, E., Fathers and flexible parental leave, *op. cit*., p.277．
10) 濱野恵，前掲，p.117．
11) 高橋美恵子「スウェーデン」労働政策研究・研修機構編『諸外国における育児休業制度等，仕事と育児の両立支援にかかる諸政策―スウェーデン，フランス，ドイツ，イギリス，アメリカ，韓国―』（JILPT 資料シリーズ No.197）2018, pp.17-19．
12) Försäkringskassan, Föräldrapening: Analys av användandet 1974-2011（Socialförs-äkringsrapport 2012）2012, pp.10-11, https://www.forsakringskassan.se/wps/wcm/connect/c94e997f-f60d-4f61-8a8e-b9b921f6c7fd/socialforsakringsrapport_2012_09.pdf?MOD=AJPERES（03/11/2019）．
13) Statistics Sweden, *Women and men in Sweden 2016: Facts and figures*, 2016, p.39, p.42, http://www.scb.se/Statistik/_Publikationer/LE0201_2015B16_BR_X10BR1601ENG.pdf（03/09/2018）．
14) Statistics Sweden, *Women and men in Sweden 2022: Facts and figures*, p.54, https://www.scb.se/contentassets/1fbf4f9815374356a786278faca6a7f0/le0201_2021b22_x10br2202.pdf（06/22/2024）．
15) 高橋美恵子，前掲，pp.18-19．
16) 永井暁子「スウェーデンにおける男性の働き方と子育て」『日本労働研究雑誌』No.535，2005，p.60．
17) 厚生労働省「平成28年度雇用均等基本調査」https://www.mhlw.go.jp/toukei/list/dl/71-28r-03.pdf（2024/06/23）
18) 中村艶子「アメリカの先進的ワーク・ライフ・バランス企業―SAS インスティチュートの事例を通して―」『労務理論学会誌』18号，2008，p.151．
19) 中村艶子「ファミリー・フレンドリー企業―アメリカの企業変遷に見る―」『日本労務学会誌』第 4 巻第 1 号，2002，pp.64-68；中村艶子「アメリカの先進的ワーク・ライフ・バランス企業―SAS インスティチュートの事例を通して―」前掲，p.160．
20) パク・ジョアン・スックチャ『会社人間が会社をつぶす―ワーク・ライフ・バランスの提案―』朝日新聞社，2007．
21) 黒澤昌子「アメリカにおけるワーク・ライフ・バランス」武石恵美子編『国際比較の視点から日本のワーク・ライフ・バランスを考える―働き方改革の実現と政策課題―』ミネルヴァ書房，2012, pp.185-211．
22) アメリカのワーク・ライフ・バランスに関しては，治部れんげ（『稼ぐ妻・育てる夫―夫婦の戦略的役割交換―』勁草書房，2009）も参照されたい。52名のアメリカの男女（専門職に就く女性とその夫）を対象とした彼女のインタビュー調査の分析から，アメリカのワーク・ライフ・バランスの現状を把握することができる。彼女の主な研究・関心は，夫の家事・育児分担が妻のキャリアに与える影響についてである。
23) 矢島洋子「イギリスにおけるワーク・ライフ・バランス」武石恵美子編『国際比較の視点から日本のワーク・ライフ・バランスを考える―働き方改革の実現と政策課題―』前掲，p.214．

24) 脇坂明「英国におけるワーク・ライフ・バランス―両立支援策と企業パフォーマンス―」『学習院大学経済論集』第43巻第3号，2006，p.355.
25) 島田晴雄・渥美由喜『少子化克服への最終処方箋―政府・企業・地域・個人の連携による解決策―』ダイヤモンド社，2007，p.131.
26) イギリスのワーク・ライフ・バランスに関しては，藤森克彦（「イギリスのワーク・ライフ・バランスから学ぶこと」『人材教育』第18号，2006，pp.42-45）や角南和子（「ワーク・ライフ・バランスと少子化対策」（特集イギリスの政策をめぐる動向）『自治体国際化フォーラム』第218号，2007，pp.5-7）も参照されたい。
27) 大重光太郎「ドイツのワーク・ライフ・バランス―男性中心の就労社会は変わるか？―」平澤克彦・中村艶子編『ワーク・ライフ・バランスと経営学―男女共同参画に向けた人間的な働き方改革―』ミネルヴァ書房，2017，p.112.
28) 大重光太郎「ドイツにおけるワーク・ライフ・バランス―政策枠組みと企業レベルでの取り組みの特徴―」『獨協大学ドイツ学研究』（獨協大学学術研究会）第64号，2011，p.2.
29) 同上．
30) 大重光太郎「ドイツのワーク・ライフ・バランス―男性中心の就労社会は変わるか？―」前掲，2017，p.94.
31) 大重光太郎「ドイツにおけるワーク・ライフ・バランスの取り組み」『労働の科学』第63巻第5号，2008，p.9.
32) 大重光太郎「ドイツのワーク・ライフ・バランス―男性中心の就労社会は変わるか？―」前掲，p.114.
33) OECD, Hours worked, https://data.oecd.org/emp/hours-worked.htm（06/23/2024）.
34) 大重光太郎「ドイツのワーク・ライフ・バランス―男性中心の就労社会は変わるか？―」前掲，p.114.
35) ドイツのワーク・ライフ・バランスに関しては，こども未来財団『ドイツにおける家族政策の展開とワーク・ライフ・バランス推進に関する調査研究報告書』（平成20年度調査研究事業）2009も参照されたい。
36) 石田久仁子・井上たか子・神尾真知子・中嶋公子編『フランスのワーク・ライフ・バランス―男女平等政策入門：EU，フランスから日本へ―』パド・ウィメンズ・オフィス，2003，p.12.
37) Conseil d'Analyse Économique, *La famille, une affaire publique*, La Documentation française, 2005, p. 88, https://www.cae-eco.fr/staticfiles/pdf/057.pdf（06/23/2024）
38) 牧陽子『産める国フランスの子育て事情―出生率はなぜ高いのか―』明石書店，2008，p.18.
39) 林雅彦・遠藤希代子「週35時間労働制がもたらした影響」『海外労働時報』3月号，2002，p.60.
40) 西村智「フランス企業のワークライフバランス政策」（関西地域部会，地域部会報告）『人口学研究』第47号，2011，p.125.
41) 同上．
42) フランスのワーク・ライフ・バランスに関しては，藤原絹子「フランスのワーク・ライフ・バランスについて」『世界の労働』第58巻第6号，2008，pp.48-53；荒井壽夫「フランス企業における男女の職業的平等とワークライフバランス―自動車メーカー，ルノーにおける制度的特徴―」『彦根論叢』（滋賀大学経済学会）第372号，2008，pp.77-97なども参照されたい。
43) 中谷文美『オランダ流ワーク・ライフ・バランス―「人生のラッシュアワー」を生き抜く人々の技法―』世界思想社，2015，p.6.
44) 同上．
45) 権丈英子「オランダにおけるワーク・ライフ・バランス―オランダのアプローチとは何か―」『亜細亜大学経済學紀要』（亜細亜大学経済学会）第34巻第1/2号，2010，p.34. OECDのデータ（2022）によると，オランダのパートタイム就労（週30時間未満）の割合は35.1％となっており，たしかに突出している（https://data.oecd.org/emp/part-time-employment-rate.htm；06/23/2024）．
46) 権丈英子「パートタイム社会オランダ―賃金格差と既婚男女の就業選択―」社会政策学会編『社会政策における福祉と就労』（社会政策学会誌第16号）2006，p.104.
47) 中谷文美，前掲，p.40.
48) OECD, Better Life Index, https://www.oecdbetterlifeindex.org/（06/23/2024）.
49) OECD, Better Life Index, Netherlands, https://www.oecdbetterlifeindex.org/countries/netherlands/（06/23/2024）.

50) 権丈英子「オランダにおけるワーク・ライフ・バランス―労働時間と就業場所の選択の自由―」武石恵美子編『国際比較の視点から日本のワーク・ライフ・バランスを考える―働き方改革の実現と政策課題―』前掲, p.254.
51) オランダのワーク・ライフ・バランスに関しては，そのほか，前田信彦「職業生涯とワーク・ライフ・バランス―オランダにおけるライフコース貯蓄制度―」『世界の労働』第58巻第6号, 2008, pp.26-32；明石留美子「ワーキングマザーのワーク・ライフ・バランス：ウェルビーイングが保たれる社会へ―オランダの在り方から考える―」『明治学院大学社会学・社会福祉学研究』（明治学院大学社会学会）150号, 2018, pp.21-45なども参照されたい。
52) カナダのワーク・ライフ・バランスに関しては，品田充儀「カナダ国民の『ワーク・ライフ・バランス』の実態―2001年－2008年政府調査研究報告書からの示唆―」『神戸学院法学』第38巻, 第3・4号, 2009, pp.271-315；飯島香「カナダの出産休業給付制度および育児休業給付制度―日本の子育て支援・育児休業制度のあり方の参考として―」『筑波法政』第48号, 2010, pp.41-64などを参照されたい。

2　少子化対策の取組

年	名　称	主な内容など
1994	エンゼルプラン「今後の子育て支援のための施策の基本的方向について」	子育てと仕事の両立支援の推進，多様な保育サービスの充実，住宅・生活環境の整備など
	緊急保育対策等5か年事業	低年齢児保育や多様な保育サービスの促進，子育てを地域ぐるみで支援する体制の整備など
1999	少子化対策推進基本方針	固定的性別役割分業や職場優先の企業風土の是正，仕事と子育ての両立のための雇用環境整備，家庭や地域の環境づくりなど
	新エンゼルプラン「重点的に推進すべき少子化対策の具体的実施計画について」	仕事と子育ての両立のための雇用環境の整備，保育サービスなど子育て支援サービスの充実，働き方についての固定的な性別役割分業や職場優先の企業風土の是正
2001	待機児童ゼロ作戦	保育所，保育ママ，自治体単独施策，幼稚園預かり保育などを活用し，待機児童の減少を目指す取組
2002	少子化対策プラスワン	男性も含めた働き方の見直し，地域における子育て支援など
2003	次世代育成支援対策推進法	地方公共団体と企業に行動計画の策定を義務づけ
	少子化社会対策基本法	少子化に対処するための施策の大綱の策定，国会報告，少子化社会対策会議の設置など
2004	少子化社会対策大綱	少子化の流れを変えるための施策を強力に推進
	子ども・子育て応援プラン「少子化社会対策大綱に基づく重点施策の具体的実施計画について」	仕事と家庭の両立支援に加え，若者の就労支援，働き方の見直し，不妊治療支援なども含めた幅広い分野の具体的目標値を設定
2006	新しい少子化対策について	国民運動の推進（家族・地域の絆を再生する国民運動，社会全体で子どもや生命を大切にする運動），年齢進行ごとの子育て支援，働き方の改革など
2007	「子どもと家族を応援する日本」重点戦略	仕事と生活の調和（ワーク・ライフ・バランス）の推進，包括的次世代育成支援の枠組の構築など
2008	新待機児童ゼロ作戦	保育サービスの量的拡充・多様化，小学校就学後まで対象拡大

2010	子ども・子育てビジョン（第2次大綱）	子どもと子育てを全力で応援（子どもが主人公・「少子化対策」から「子ども・子育て支援」へ，生活と仕事と子育ての調和）
2012	子ども・子育て関連3法	幼児期の学校教育・保育，地域の子ども・子育て支援を総合的に推進
2013	待機児童解消加速化プラン	約40万人分の保育の受け皿確保のため，地方公共団体を支援
	少子化危機突破のための緊急対策	「結婚・妊娠・出産支援」を追加，結婚・妊娠・出産・育児の切れ目ない支援
2014	放課後子ども総合プラン	放課後児童クラブおよび放課後子供教室の整備・拡充
2015	少子化社会対策大綱（第3次大綱）	子育て支援策の充実，若年齢での結婚・出産希望実現，多子世帯に配慮，働き方改革，地域の実情に即した取組
2016	ニッポン一億総活躍プラン	「希望出生率1.8」の実現に向けた若者の雇用安定・待遇改善，多様な保育サービスの充実，働き方改革の推進など
2017	子育て安心プラン	女性就業率80％にも対応できる約32万人分の保育の受け皿整備
	新しい経済政策パッケージ	幼児教育の無償化，待機児童解消，高等教育の無償化など
2018	新・放課後子ども総合プラン	「小1の壁」の打破，放課後児童クラブの待機児童解消など
2020	少子化社会対策大綱（第4次大綱）	「希望出生率1.8」の実現に向けたライフステージごとの総合的対策
	新子育て安心プラン	4年間で約14万人分の保育の受け皿整備（①地域の特性に応じた支援，②仕事・職場の魅力向上を通じた保育士の確保，③地域のあらゆる子育て資源の活用）
2021	こども政策の新たな推進体制に関する基本方針	こども政策を強力に推進（少子化を食い止める）
2023	こども未来戦略方針	具体的な政策を「子ども・子育て支援加速化プラン」（①子育てに係る経済的支援の強化や若い世代の所得向上に向けた取組，②すべての子ども・子育て世帯を対象とする支援の拡充，③共働き・共育ての推進など）として提示

出典：桐原康栄「少子化の現状と対策」『調査と情報―ISSUE BRIEF―』（国立国会図書館）No.1163，2021, p.5, https://dl.ndl.go.jp/view/download/digidepo_11911775_po_1163.pdf?contentNo=1（2024/06/22）；矢嶋康次「少子化対策の変遷と課題」『ニッセイ基礎研レポート』（ニッセイ基礎研究所）2023, p.2, https://www.nli-research.co.jp/files/topics/75578_ext_18_0.pdf?site=nli（2024/06/22）や上記各施策資料をもとに筆者作成

3　研究・実践に役立つウェブサイトや文献

（URLはすべて2024年6月30日最終閲覧）

〔ウェブサイト〕

〔行政〕
◇ 「仕事と生活の調和」推進サイト　https://wwwa.cao.go.jp/wlb/index.html
◇ 一般事業主行動計画公表サイト　https://ryouritsu.mhlw.go.jp/hiroba/
◇ 女性の活躍推進企業データベース　https://positive-ryouritsu.mhlw.go.jp/positivedb/
◇ 働き方・休み方改善ポータルサイト　https://work-holiday.mhlw.go.jp/
◇ 東京都ライフ・ワーク・バランス　https://www.metro.tokyo.lg.jp/sangyo/shigoto-koyo/work-life/index.html
◇ ワーク・ライフ・バランスと京都の取組について　https://www.pref.kyoto.jp/wlbsuisin/effort.html

〔法律・データ〕
◇ e-Gov法令検索　https://elaws.e-gov.go.jp/
◇ e-Stat 政府統計の総合窓口　https://www.e-stat.go.jp/

◇ 社会生活基本調査　https://www.stat.go.jp/data/shakai/2021/index.html
◇ OECD, Better Life Index　https://www.oecdbetterlifeindex.org/
◇ OECD Data, Hours worked　https://data.oecd.org/emp/hours-worked.htm
◇ OECD Data, Fertility rates　https://data.oecd.org/pop/fertility-rates.htm

〔調査報告書など〕
◇ 独立行政法人労働政策研究・研修機構　https://www.jil.go.jp/
◇ 公益財団法人日本生産性本部　https://www.jpc-net.jp/
◇ リクルートワークス研究所　https://www.works-i.com/

文　献

〔ワーク・ライフ・バランスの基本〕
◇ パク・ジョアン・スックチャ『会社人間が会社をつぶす―ワーク・ライフ・バランスの提案―』朝日新聞社，2002.
◇ 荒金雅子・小﨑恭弘・西村智編『ワークライフバランス入門―日本を元気にする処方箋―』ミネルヴァ書房，2007.
◇ 島田晴雄・渥美由喜『少子化克服への最終処方箋―政府・企業・地域・個人の連携による解決策―』ダイヤモンド社，2007.
◇ 小室淑恵『ワークライフバランス―考え方と導入法―』日本能率協会マネジメントセンター，2007.
◇ 大沢真知子『ワークライフバランス社会へ―個人が主役の働き方―』岩波書店，2006.
◇ 大沢真知子『ワークライフシナジー―生活と仕事の〈相互作用〉が変える企業社会―』岩波書店，2008.
◇ 学習院大学経済経営研究所編『経営戦略としてのワーク・ライフ・バランス』第一法規，2008.
◇ 日本経団連出版編『ワークライフバランス推進事例集』日本経団連出版，2008.
◇ 平澤克彦・中村艶子編『ワーク・ライフ・バランスと経営学―男女共同参画に向けた人間的な働き方改革―』ミネルヴァ書房，2017.
◇ 平澤克彦・中村艶子『ワークライフ・インテグレーション―未来を拓く働き方―』ミネルヴァ書房，2021.
◇ 髙橋美恵子編『ワーク・ファミリー・バランス―これからの家族と共働き社会を考える―』慶應義塾大学出版会，2021.
◇ 佐藤博樹（編集代表）『ワーク・ライフ・バランス―仕事と子育ての両立支援―』ぎょうせい，2008.
◇ 佐藤博樹・武石恵美子編『ワーク・ライフ・バランス支援の課題―人材多様化時代における企業の対応―』東京大学出版会，2014.
◇ 佐藤博樹・松浦民恵・高見具広『働き方改革の基本』中央経済社，2020.
◇ 池田心豪『仕事と介護の両立』中央経済社，2021.
◇ 矢島洋子・武石恵美子・佐藤博樹『仕事と子育ての両立』中央経済社，2024.

〔ダイバーシティの基本〕
◇ 三善勝代『転勤と既婚女性のキャリア形成』白桃書房，2009.
◇ 三沢直子『働くママ専業ママ　子どものためにどっちがいいの？』緑書房，2009.
◇ 山極清子『女性活躍の推進―資生堂が実践するダイバーシティ経営と働き方改革―』経団連出版，2016.
◇ 大沢真知子・日本女子大学現代女性キャリア研究所編『なぜ女性管理職は少ないのか―女性の昇進を妨げる要因を考える―』青弓社，2019.
◇ 武石恵美子・高崎美佐『女性のキャリア支援』中央経済社，2020.
◇ 株式会社 wiwiw『企業ではたらく20人の女性リーダー―自分らしい最高のキャリアのつくり方―』経団連出版，2024.
◇ 佐藤博樹・武石恵美子『男性の育児休業―社員のニーズ，会社のメリット―』（中公新書1738）中央公論新社，2004.
◇ ヒューマンルネッサンス研究所編『男たちのワーク・ライフ・バランス』幻冬舎ルネッサンス，

2008.
◇ 小室淑恵・天野妙『男性の育休―家族・企業・経済はこう変わる―』（PHP新書）PHP研究所，2020.
◇ 中里英樹『男性育休の社会学』さいはて社，2023.
◇ 平野翔大『ポストイクメンの男性育児―妊娠初期から始まる育業のススメ―』（中公新書ラクレ791）中央公論新社，2023.
◇ 尾野裕美『個人と組織のための男性育休―働く父母の心理と企業の支援―』ナカニシヤ出版，2023.
◇ 多賀太『ジェンダーで読み解く男性の働き方・暮らし方―ワーク・ライフ・バランスと持続可能な社会の発展のために―』時事通信出版局，2022.
◇ 伊藤公雄・多賀太・大束貢生・大山治彦『男性危機？―国際社会の男性政策に学ぶ―』晃洋書房，2022.
◇ 周燕飛『母子世帯のワーク・ライフと経済的自立』労働政策研究・研修機構，2014.
◇ 神谷悠介『ゲイカップルのワークライフバランス―男性同性愛者のパートナー関係・親密性・生活―』2017，新曜社．
◇ 宮島喬・鈴木江理子『〈新版〉外国人労働者受け入れを問う』（岩波ブックレットNo.1010）岩波書店，2019.
◇ 藤井克徳・星川安之『障害者とともに働く』（岩波ジュニア新書925）岩波書店，2020.

〔諸外国におけるワーク・ライフ・バランス〕
◇ 武石恵美子編『国際比較の視点から日本のワーク・ライフ・バランスを考える―働き方改革の実現と政策課題―』ミネルヴァ書房，2012.
◇ 労働政策研究・研修機構編『少子化問題の現状と政策課題―ワーク・ライフ・バランスの普及拡大に向けて―』（JILPT資料シリーズNo.8）2005.
◇ 労働政策研究・研修機構編『ワーク・ライフ・バランス比較法研究〈最終報告書〉』（労働政策研究報告書No.151）2012.
◇ 労働政策研究・研修機構編『ヨーロッパの育児・介護休業制度』（JILPT資料シリーズNo.186）2017.
◇ 労働政策研究・研修機構編『諸外国における育児休業制度等，仕事と育児の両立支援にかかる諸政策―スウェーデン，フランス，ドイツ，イギリス，アメリカ，韓国―』（JILPT資料シリーズNo.197）2018.
◇ 労働政策研究・研修機構編『諸外国における勤務間インターバル制度等の導入および運用状況に関する調査―フランス，ドイツ，イギリス，アメリカ―』（JILPT資料シリーズNo.282）2024.

〔生涯学習・リカレント教育・リスキリング〕
◇ 倉内史郎・鈴木眞理編『生涯学習の基礎』学文社，1998.
◇ 鈴木眞理・小川誠子編『生涯学習をとりまく社会環境』学文社，2003.
◇ 鈴木眞理・永井健夫・梨本雄太郎編『生涯学習の基礎〈新版〉』学文社，2011.
◇ 浅井経子（執筆・編集代表）『社会教育経営論』ぎょうせい，2020.
◇ 清國祐二（執筆・編集代表）『生涯学習支援論』ぎょうせい，2020.
◇ 山本珠美・熊谷愼之輔・松橋義樹編『社会教育経営の基礎』学文社，2021.
◇ 小池茂子・本庄陽子・大木真徳編『生涯学習支援の基礎』学文社，2022.
◇ 今津孝次郎・加藤潤編『人生100年時代に「学び直し」を問う』東信堂，2023.
◇ 出相泰裕『学び直しとリカレント教育―大学開放の新しい展開―』ミネルヴァ書房，2023.
◇ 後藤宗明『自分のスキルをアップデートし続けるリスキリング』日本能率協会マネジメントセンター，2022.
◇ 後藤宗明『新しいスキルで自分の未来を創るリスキリング【実践編】』日本能率協会マネジメントセンター，2023.

あとがき

　本書は，著者のこれまでの研究成果がもとになっている。ただし，ワーク・ライフ・バランスをとりまく状況は，著しく変化している。その変化をきちんと捉えて，これまでの研究成果に大幅な加筆・修正を行った。ここで，本書のもとになった論文を紹介しておく。

序　章：書き下ろし
第1章：「キャリア開発の概念とその展開―企業内教育の一環として―」『産業教育学研究』第26巻第2号，1996，pp.8-15.
第2章：「キャリア発達理論の生成とその展開―キャリア開発との関連で―」『生涯学習・社会教育学研究』（東京大学大学院教育学研究科生涯教育計画講座社会教育学研究室）第20号，1996，pp.61-70.
第3章：「ワーク・ライフ・バランスの概念とその展開―ワーク・ライフ・バランス施策を中心として―」『教育研究』（青山学院大学教育学会紀要）第53号，2009，pp.197-211.
第4章：「ワーク・ライフ・バランスの取組に関する考察―大企業を中心として―」『生涯学習・社会教育研究ジャーナル』第3号，2009，pp.1-15.
第5章：「ワーク・ライフ・バランス施策の検証―育児休業制度と育児休業取得率の観点から―」『教育研究』（青山学院大学教育学会紀要）第54号，2010，pp.185-198.
終　章：書き下ろし

　長い道のりを経て，やっとここまでたどり着くことができた。ワーク・ライフ・バランスも生涯学習も，とにかく範囲が広い。大海原で釣りをしているような感じで，掴みどころがなく，途方に暮れることも多々あった。こうして1冊の本としてまとめあげたことが，次の段階に進んでいくための貴重な一歩に

なると確信している。

　とはいえ，多くの課題も残されている。すべての働く人々のなかには，ひとり親世帯，しょうがいのある方々，性的マイノリティーの方々，外国籍の方々，専業主婦／主夫の方々なども含まれる。上述した多様な人々のワーク・ライフ・バランスについて，もっと目を向けていく必要がある。さらに，ワークから切り離されている状態にある若年無業者などには，ことさら目を向けていく必要がある。本書では，すべての働く人々へと対象を広げていくために，生活の多様性を重視してきたが，今後の研究においては，人の多様性も意識したものでなければならないと考えている。

　ワーク・ライフ・バランスをとりまく状況の著しい変化に関しては，先に述べたとおりである。この著しい変化について，ここで示しておかなければならないことがある。2024年5月24日，国会で審議されていた次世代育成支援対策推進法と育児・介護休業法の1部を改正する法律が，本書執筆後に成立したことである。したがって，第3章第2節と第5章第5節において述べた，「次世代育成支援対策推進法の10年間の延長」「男性の育児休業の数値目標設定や公表義務」「テレワークの追加など」に関することは，予定ではなく確定ということになる。また，補論の「男性の育児休業」は，2024年の育児・介護休業法改正前に執筆されたものであることも，ここで明記しておきたい。目まぐるしく変わる制度を目の当たりにして，いかに重要なテーマに取り組んでいるのか，今，改めて考えさせられているところである。

　本書は，多くの方々の支援によって完成した。今後も，まだまだ研究は続いていくが，これまで著者の研究活動を支えてくださったすべての方々に，感謝の気持ちを伝えたい。本書の出版・編集では，人言洞の二村和樹さんにたいへんお世話になった。伴走してくださったことに，心から感謝申し上げたい。

小川　誠子

索　引

■ 英数

Better Life Index　*5, 156*
CDP　*11, 16, 21*
　――概念図　*16*
Education More Education の法則　*141*
ESG 投資　*151*
OECD　*5, 114*
Off JT　*113*
OJT　*113*
VUCA　*148*
WLB-JUKU INDEX（WJI）　*71, 76*
Y 理論　*14*
1.57 ショック　*49*

■ あ行

アップスキリング　*122*
アンコンシャス・バイアス　*8, 107, 147*
育児・介護休業法　*48, 50, 89, 92–97, 107, 149, 151*
育児休業給付　*89, 92–93, 95–96*
育児休業給付金受給者　*98*
育児休業取得率　*88, 93, 98*
育児休業法　*50, 89, 90, 149*
イクメンプロジェクト　*151*
一般事業主行動計画　*55, 65, 72, 74, 82*
ウェルビーイング　*141*
エンゲージメント　*152*
エンゼルプラン　*48, 50*

■ か行

期間雇用者の育児休業　*89, 91, 94, 98, 106*
キャリア概念　*26, 42*
　――の拡張期　*27, 42*
　――の導入期　*27, 42*
キャリア開発（アメリカ）　*11*
　――（日本）　*12, 15*
キャリア開発概念　*7, 12, 14–15, 18, 21, 31, 83*
キャリア開発研究　*20, 40*
キャリア進展重視型のキャリア開発　*20*
キャリア発達　*2, 7, 19, 25, 27, 31, 39, 43, 47*
キャリア発達重視型のキャリア開発　*20*
キャリア発展　*20*
キャリア・プランニング　*30*
キャリア・マネジメント　*30*
教育基本法　*113*
教育訓練休暇　*40, 118, 140*
勤労婦人福祉法　*48, 49, 89, 90, 149*
くるみん（認定マーク）　*55, 65, 73*

経歴管理制度　*13*
ケベック親保険制度（QPIP）　*156, 158*
合計特殊出生率　*49, 61, 156, 157*
国際婦人年　*48, 49*

■ さ行

産後パパ育休　*89, 97, 100, 106*
三段階進化説（フランス）　*156*
自己啓発　*21, 77, 113, 130, 138*
自己実現欲求　*14*
自己申告制度　*10, 12, 18, 19*
仕事と生活の調和　*1*
仕事と生活の調和元年　*54*
仕事と生活の調和（ワーク・ライフ・バランス）憲章　*48, 54, 64*
次世代育成支援策　*48, 54, 123*
次世代育成支援対策推進法　*7, 48, 55, 65, 71, 82, 94, 100, 107, 149*
シャイン，E. H.　*17, 25, 32, 36*
社会教育　*3, 10, 21, 84, 112, 115, 141*
社会教育施設ボランティア　*133*
社会貢献活動　*123, 136*
社会人基礎力　*119*
社会生活基本調査　*130*
生涯学習　*3, 10, 21, 42, 62, 84, 112–114, 121, 127, 133, 134, 139, 141*
生涯学習審議会答申　*115, 133*
生涯教育　*42, 62, 114, 116*
少子化社会対策基本法　*48, 55*
少子化対策　*2, 3, 47, 48, 50–56, 61, 66, 93, 106, 122, 123, 161–162*
少子化対策プラスワン　*48, 52, 93, 94, 100*
職業的キャリア　*20, 31, 39, 41*
職業的発達　*27, 28, 33*
女性活躍推進法　*8, 48, 55, 149*
女性管理職比率　*149*
ジョブ・ローテーション　*10, 12, 15, 37*
新エンゼルプラン　*48, 51, 93*
人生キャリア　*20*
　――の虹　*27, 29, 34, 44*
人生100年時代の社会人基礎力　*119*
真のワーク・ライフ・バランス（京都市）　*123*
心理的安全性　*148, 151*
垂直的キャリア成長　*37*
水平的キャリア成長　*37*
スーパー，D. E.　*25, 28, 33, 41, 44*
生産性の向上　*63, 66, 82, 84*

167

性別役割分業観　*103, 107*
性別役割分担意識　*107*
組織内キャリア発達　*29, 33, 36, 39, 41*
　　──の3次元モデル　*36*

■ **た行**

第二次フーバー委員会人事部会勧告案（アメリカ）　*11*
ダイバーシティ　*59*
ダイバーシティ＆インクルージョン　*60, 148*
ダイバーシティ・エクイティ＆インクルージョン　*60*
多様性　*58, 65, 66*
男女共同参画社会基本法　*48, 52, 54, 58*
男女均等推進度　*78*
男女雇用機会均等法　*48, 49, 89, 90*
男性稼ぎ主モデル（ドイツ）　*155*
男性の育児休業　*8, 51, 72, 75, 98, 104, 107, 151*
地域活動　*3, 4, 8, 77, 112-113, 122, 126, 129, 140, 142*
調和過程　*17*
テレワーク　*107, 128*
　　──（オランダ）　*156*
　　──と地域の活性化　*130*
テレワーク人口倍増アクションプラン　*130*
特定職種育児休業法　*89, 90*

■ **な行**

年次有給休暇　*125, 135, 138, 140*

■ **は行**

パパ・クオータ　*154*
パパママ育休プラス　*89, 95*
パルメ, O.　*114*
ピーターソン, R. E.　*141*
人づくり革命基本構想　*118*
ビューラー, C.　*33*
ファミリー・フレンドリー（アメリカ）　*155*
ファミリー・フレンドリー概念　*3, 48, 51, 60, 62, 66, 83, 88, 106*
ファミリー・フレンドリー企業　*51*
ファミリー・フレンドリー度　*78*
フォード財団　*62*
プラチナくるみん（特例認定マーク）　*73*
プロボノ　*135*
フロント・エンド・モデル　*115*
法定外休暇　*140*

法定休暇　*140*
ホール, D. T.　*29*
ボランティア活動　*3, 8, 77, 112-113, 123, 127, 130, 140*
ボランティア元年　*136*
ボランティア休暇　*40, 135, 137, 140*

■ **ま行**

マグレガー, D. M.　*14*
マズロー, A. H.　*14*
学び直し　*118*
マミートラック　*148, 151*
モチベーション　*81*

■ **や行**

役割論　*35, 41*
ユネスコ　*114, 116*

■ **ら行**

ライフ・キャリア発達　*27, 28*
ライフコース　*34, 41*
ライフサイクル　*34, 36, 41*
ラングラン, P.　*42, 114*
リカレント教育　*114, 140*
　　──の類型化　*121*
リカレント・モデル　*115*
リカレント・ワーク　*117*
リスキリング　*122*
リフレッシュ教育　*117*
臨時教育審議会答申　*116*
レーン, G.　*114*

■ **わ行**

ワークシェアリング　*156*
ワーク・ファミリー・バランス（アメリカ）　*61*
ワーク・ライフ・コンフリクト　*2, 43, 57, 141*
ワーク・ライフ・バランス概念　*1-3, 7, 43, 47, 52, 55, 57, 60, 80, 83, 88, 106, 114, 139*
ワーク・ライフ・バランス基盤制度　*76*
ワーク・ライフ・バランス支援制度　*76*
ワーク・ライフ・バランス施策　*1, 3, 7, 47, 48, 56, 60, 88, 123, 142*
ワーク・ライフ・バランス推進体制　*76*
ワーク・ライフ・バランス度　*78, 141*
ワーク・ライフ・バランスの定義　*1, 2, 57*
ワーク・ライフ・バランスの必要性　*3-5*

［著者］

小川 誠子 ［序章・第1～5章・終章・巻末資料］
青山学院大学コミュニティ人間科学部教授
愛媛大学教育学部卒業後，日本航空株式会社入社（国際線客室乗務員）。その後，大学院に進み，1998年東京大学教育学研究科博士課程単位取得満期退学。東洋大学文学部教育学科助手，ブリティッシュ・コロンビア大学（カナダ・バンクーバー）客員研究員を経て，2023年4月より現職。専門分野は，社会教育学，生涯学習論，ワークライフバランス論。
主要著作：『生涯学習の基礎』（共著，学文社，1998年）『生涯学習をとりまく社会環境』（共編著，学文社，2003）『生涯学習の基礎〈新版〉』（共著，学文社，2011）など

［執筆協力］

大原 奈緒 ［補論1］
株式会社日本能率協会マネジメントセンター HRMコンサルタント
学習院大学文学部卒業後，大手専門商社企業にて，法人営業，商品販売企画，営業企画業務に従事。その後，株式会社wiwiwにて，D&I組織変革コンサルタント，セミナー講師，マーケティング，事業戦略と多岐に活動。2022年グロービス経営大学院（MBA）修了。現在は，企業研修講師，コンサルタントとして活動中。

佐藤 歩美 ［補論2］
株式会社wiwiw 代表取締役社長
立教大学文学部卒業後，メルボルン大学大学院でコンピューター支援型言語学習学（CALL）の修士号取得。株式会社ネットラーニング（株式会社wiwiwのグループ会社）でグローバル人材育成事業などに携わったあと，株式会社wiwiwに移籍。DEI推進や女性のキャリア形成を後押しするさまざまなサービスの開発に従事。2023年より現職。

寺西 知也 ［補論3］
株式会社wiwiw 常務執行役員
立教大学コミュニティ福祉学部卒業後，介護ビジネス会社へ入社。2012年，株式会社wiwiwに入社し，企業に対するDEI，女性活躍推進におけるコンサルティング支援や調査・分析の企画・設計のほか，経営層，人事，当事者向けのセミナー講師として講演や研修を担当。2012年に厚生労働省から委託された「平成26年度仕事と介護の両立支援事業」では，プロジェクト・リーダーとして企業向け「実践マニュアル」を作成。2023年より現職。

ワーク・ライフ・バランスと生涯学習
―すべての働く人々のために―

2024年9月10日　第1版第1刷発行

編　著　小川　誠子

Ⓒ OGAWA Seiko 2024

発行者　二村　和樹
発行所　人言洞 合同会社　〈NingenDo LLC〉
　　　　〒234-0052　神奈川県横浜市港南区笹下6-5-3
　　　　電話　045（352）8675　代
　　　　FAX　045（352）8685
　　　　https://www.ningendo.net

印刷所　亜細亜印刷株式会社

定価はカバーに表示してあります。
乱丁・落丁の場合は小社にてお取替えします。

ISBN 978-4-910917-16-0